Ursula Summ

DAS GROSSE
TRENNKOST-BUCH

FALKEN
Taschenbuch

Im FALKEN Verlag sind zahlreiche Titel zum Thema Trennkost erschienen:
Trennkost für mich allein (Nr. 60479)
Vegetarische Trennkost-Küche (Nr. 60384)
Durch Trennkost zur Traumfigur (Nr. 60353)
Kleiner Trennkostführer (Nr. 60412)
Diese und viele weitere Titel sind überall dort erhältlich, wo es Bücher gibt.

Sie finden uns im Internet: **www.falken.de**

Der Text dieses Buches entspricht den Regeln der neuen deutschen Rechtschreibung.

Dieses Buch wurde auf chlorfrei gebleichtem
und säurefreiem Papier gedruckt.

Erweiterte und aktualisierte Fassung des Titels
Das Superbuch der Trennkost (Nr. 7683).

Originalausgabe
ISBN 3 635 60580 8

Umschlaggestaltung: Kraxenberger KommunikationsHaus GmbH, München
Redaktion: dm druckmedien, München/Sabine Weeke
Herstellung: dm druckmedien, München/Christina Dinkel
Satz: art & work, München
Druck: Freiburger Graphische Betriebe GmbH, Freiburg

Die Ratschläge in diesem Buch sind von der Autorin und dem Verlag sorgfältig erwogen und geprüft, dennoch kann eine Garantie nicht übernommen werden. Eine Haftung der Autorin bzw. des Verlags und seiner Beauftragten für Personen-, Sach- und Vermögensschäden ist ausgeschlossen.

817 2635 4453 6271

Inhalt

Vorwort

Wer zum ersten Mal von Trennkost hört, der denkt meistens, es handelt sich um eine Diät, das heißt um eine kalorienreduzierte Kost. In Wirklichkeit handelt es sich aber um eine Ernährungsweise, allerdings mit besonderen Eigenschaften: Sie entgiftet und entsäuert den Körper und schont die Verdauungsorgane. Als angenehme Begleiterscheinung verliert der Körper dabei überflüssige Pfunde. Darüber hinaus können die schmackhaften Gerichte auch von Menschen mit bescheideneren Kochkünsten leicht zubereitet werden. Auch für Festivitäten, wie Grillfeste, Bürofeten oder ein Weihnachtsmenü, lassen sich Gerichte nach den Prinzipien der Trennkost problemlos zusammenstellen. Last but not least ist die Trennkost für jeden Geldbeutel erschwinglich, und die Zutaten für die Gerichte sind überall erhältlich.

Als ich 1979 die Haysche Trennkost für mich selbst entdeckte, dabei Wunderbares erlebte und mit dieser Erfahrung in die Öffentlichkeit ging, ahnte ich nicht, dass sie sich einmal wie ein Buschfeuer verbreiten würde. Denn trotz vieler Buhrufe und Kritiken an dieser etwas ungewöhnlichen Ernährungsform entwickelte sich die Trennkost immer mehr zur Trendkost.

Die große Nachfrage begründete sich ganz einfach darin, dass Millionen von Übergewichtigen über Jahrzehnte hinweg schlechte Erfahrungen mit Diäten gemacht hatten. Des ständigen Hungerns und Verzichtens überdrüssig, setzten viele als letzten Versuch auf die Haysche Trennkost. Und das Wunder geschah: Ohne großen Aufwand verloren sie an Gewicht. Doch nicht nur die Waage zeigte positive Ergebnisse, denn gleichzeitig verbesserten sich auch die Blut- und Leberwerte. Ebenso verschwanden rheumatische Erkrankungen, Gicht, Magen- und Darmstörungen sowie viele andere stoffwechselabhängige Krankheiten.

Jeder dieser Menschen wurde zum eigenen Entdecker dieser fantastischen Sache, und sie trugen voller Begeisterung die neu erworbenen Erfahrungen im Familien-, Freundes- und Bekanntenkreis weiter. Diesen Menschen gilt heute mein besonderer Dank. Ohne die Mithilfe dieser Mund-zu-Mund-Propaganda hätte die Haysche Trennkost sich niemals so weit verbreiten können.

Mit Freude beobachtete ich diese stetig wachsende Entwicklung und gründete aus diesem Grund 1994 meinen Trennkost-Club in Hofheim am Taunus. Von hier aus verschicke ich in alle deutschsprachigen Länder an jeden Trennkost-Interessierten mein über Jahre erworbenes Gedankengut. Mit diesem Material können übergewichtige Menschen zu Hause ihr Gewicht regulieren und anschließend eventuell eigene Trennkost-Gruppen gründen. Wenn auch Sie mehr über die Trennkost erfahren wollen, schreiben Sie mir. Meine Adresse finden sie im Anhang auf Seite 236.

An dieser Stelle möchte ich mich noch ganz herzlich bei Frau Birgit Lorenz und Frau Jutta Pötz bedanken. Beide unterstützten mich bei der Entwicklung der Rezepte und gaben mir darüber hinaus wichtige Impulse.

Für Ihr Leben mit der Trennkost wünsche ich ihnen viel Freude und ein gutes Gelingen beim Nachkochen meiner Rezeptideen.

Trennkost – Die Trendkost

Die Entdeckung der Trennkost

Ich frage mich oft, ob sich Dr. Howard Hay darüber im klaren war, dass seiner Ernährungsform einmal Millionen von Menschen folgen würden.

Begonnen hatte die ganze Geschichte Anfang des 20. Jahrhunderts in Amerika, wo Dr. Hay nach einer Lösung für seine schwere Nierenerkrankung suchte. Von den Ärzten schon aufgegeben, gelang es ihm schließlich doch, sich mit einer besonderen Ernährungsweise selbst zu heilen. Seine persönlichen Erkenntnisse hielt er in einem Buch fest, welches 1939 durch Zufall in die Hände des deutschen Arztes Dr. Ludwig Walb gelangte. Er erkannte schnell die Vorzüge der Trennkost und verbreitete sie im guten Glauben, etwas Wertvolles für die Menschheit zu tun. Die Kranken selbst dankten nach ihrer Genesung Dr. Walb mit anhänglicher Treue und vielen interessanten Zuschriften. Dennoch wurde die Haysche Trennkost von der Ärzteschaft als Heilform nicht anerkannt und ständig boykottiert.

Dr. Walb zog sich daraufhin in seine Klinik zurück und war nur noch wenigen Eingeweihten bekannt. Lange sah und hörte man nichts mehr von der Trennkost, und fast schien es, als sei dieser Schlüssel zur Gesundheit für immer verloren.

Wenn ich im Nachhinein die Entwicklung der Trennkost betrachte, kann ich es selbst nicht fassen, dass aufgrund meines Übergewichtes und der verzweifelten Versuche, schlanker zu werden, entscheidende Weichen für das neue Aufleben der Hayschen Trennkost gestellt wurden.

Ich beschäftigte mich 1979 zum ersten Mal mit diesem Thema, zunächst nur mit dem Ziel vor Augen, endlich für immer schlank zu werden. Mich interessierten nicht die Aussagen oder Kritiken dieser Wissenschaftler. Was mich beeindruckte, waren die einfache Umsetzung der Trennkostregeln, der geringe finanzielle und zeitliche Aufwand und natürlich auch der positive Einfluss auf mein Wohlbefinden. Denn ich konnte nicht nur mein extremes Übergewicht in normale Bahnen lenken, ich beobachtete auch, wie meine Krankheiten Gicht, Rheuma, entzündete Bauchspeicheldrüse, träge Verdauung, Kopfschmerzen und eine offene Hautallergie an den Händen und im Gesicht völlig ausheilten. All diese Faktoren machten die Trennkost für mich zu einer Art Naturheilmedizin. Und mehr Beweise brauchte ich nicht, um von ihr überzeugt zu werden.

Ich ging dann mit meinen Erfahrungen in die Öffentlichkeit und leitete von 1979 bis 1991 Kurse im Main-Taunus-Gebiet. In dieser Zeit konnte ich in meinen Trennkost-Gruppen mehrere tausend Menschen beobachten, die ebenso wie ich Außergewöhnliches erlebten.

Was mich heute immer noch besonders freut, ist die Tatsache, dass sich die Trennkost nicht durch Werbung so rasant weltweit verbreitet hat, sondern dass die Menschen aufgrund ihrer positiven Erfahrungen diese Ernährungsform anderen weiterempfehlen.

Positive Einflüsse der Trennkost auf Krankheiten

Unter allem, was uns lieb und wertvoll erscheint, ist sicherlich nichts so kostbar wie unsere Gesundheit. Leider wiegen sich manche Menschen in der Sicherheit, ihr Körper sei robust genug, vieles wegzustecken, oder man könne ruhig eine Krankheit riskieren, weil ja Medikamente oder Operationen den Heilungsprozess erleichtern. So wird die Eigenverantwortung nur zu gerne abgelehnt und den Ärzten übertragen. Diese Lebenseinstellung kann verhängnisvolle Folgen haben.

Ich weiß aus eigener Erfahrung, wie krank ein Körper durch eine gewisse Sorglosigkeit werden kann. Ich habe heftige Schmerzen verspürt, die ich mir hätte ersparen können. Doch weiß ich ebenfalls, dass diese Schmerzen und Krankheiten mich zu einem neuen Bewusstsein geführt haben. Darum habe ich es mir heute zur täglichen Aufgabe gemacht, alles, was meine innere und äußere Harmonie stört, so gut es geht von mir fernzuhalten. Mit diesem Lebensprinzip konnte ich viele positive Erfahrungen sammeln, die ich gerne an Sie weitergebe.

Was macht uns krank?

Neben Ärger, Sorgen, Misserfolg, Hektik oder Lärm, um nur einige Ursachen zu nennen, spielt gerade die Ernährung eine ausschlaggebende Rolle bei der Entstehung bestimmter Erkrankungen. Falsche Ernährung kann den gesamten Stoffwechsel blockieren, Organe überlasten und das Blut verdicken.

Nahrungsmittel haben aber auch die Gabe, Gegenteiliges zu bewirken. So kann ein überlasteter, kranker Körper durch die richtige Lebensmittelauswahl langsam wieder genesen. Meine eigene Erfahrung lehrte mich dies. Eine entzündete Bauchspeicheldrüse, schlechte Verdauung, Kopfschmerzen und eine offene Hautallergie an den Händen und im Gesicht brachten mich damals – schwer übergewichtig, von Rheuma und Gicht geplagt – fast an den Rand der Verzweiflung.

Auf der Suche nach der idealen Diät stieß ich durch Zufall auf die Trennkostlehre des Dr. Howard Hay. Mit dieser Ernährungsform nahm ich innerhalb eines Jahres 30 Pfund ab und sämtliche Krankheiten verschwanden. Beeindruckt von der Besserung meines Allgemeinbefindens und begeistert von der einfachen Umsetzung dieser Ernährungsweise, ging ich mit meinen Erfahrungen in die Öffentlichkeit. In den elf Jahren meiner Kurstätigkeit durfte ich mehrere tausend Menschen mit ganz unterschiedlichen gesundheitlichen Problemen beobachten. Was mich dabei persönlich besonders berührte, war die Tatsache, dass kranke Menschen durch die Trennkost wieder gesund wurden und seither beschwerdefrei leben. Die Teilnehmer benötigten plötzlich keine Medikamente mehr und fühlten sich leistungsfähiger und vitaler.

Warum verbessert sich der Gesundheitszustand durch Trennkost?

Der ganze Mensch besteht aus Zellen: die Knochen, die Organe, die Drüsen und auch die Nerven. Und jede Zelle hat ihr eigenes Leben mit einem unvorstellbaren feinen Stoff- und Enzymaustausch. Durch die tägliche Nahrungsaufnahme werden diese Zellen versorgt. Dabei ist es keineswegs selbstverständlich, dass diese komplizierten Vorgänge reibungslos ablaufen. Der menschliche Organismus benötigt nämlich für ein gutes Funktionieren des Zellstoffwechsels und dessen Gesunderhaltung wichtige Vitalstoffe. Und diese findet man in den Vitaminen und den mineralischen Bestandteilen unserer täglichen Nahrung. Fehlt einer dieser wertvollen Bausteine, so sendet der Körper Signale aus, die auf Dauer nicht zu überhören sind. Anfangs sind es nur kleine Störungen in der Befindlichkeit. Man fühlt sich nicht ganz wohl in seiner Haut, leidet unter einem kleinen Zipperlein, ist ständig müde oder gereizt. Oft fühlt man sich sogar den beruflichen Anforderungen körperlich wie geistig nicht mehr gewachsen. Dass ein Vitamin- oder Mineralstoffmangel die Ursache für diese eher unspezifischen Beschwerden sein könnte, wird häufig erst sehr spät erkannt.

Dieser Vitamin- und Mineralstoffmangel kann sich sehr facettenreich darstellen. Fehlt zum Beispiel der Mineralstoff Magnesium, so kann dies zu schmerzhaften Wadenkrämpfen, aber auch zu ernsthaften Herzbeschwerden führen. Kalziummangel kann die Knochendichte auflösen und macht Knochen und Wirbel sehr anfällig für Brüche. Zu wenig Kalium und zu viel Natrium können den gesamten Wasserhaushalt blockieren und trotz reichlichem Wasser in den Geweben die Nieren regelrecht vertrocknen lassen. Unzureichende Versorgung mit Vitamin C kann darüber hinaus die körpereigene Abwehr schwächen.

Menschen, deren Ernährung fast ausschließlich aus belegten Weißmehlbrötchen besteht, die zudem Kaffee, gezuckerte Limonaden oder alkoholische Getränke im Übermaß trinken, oder auf deren Speiseplan viel zu oft industriell hergestellte Fertiggerichte, Kuchen, Puddings oder Knabbereien stehen, riskieren auf die Dauer einen massiven Nährstoffmangel. Der Körper wehrt sich gegen diese Flut unnatürlicher Speisen und reagiert mit Mangelerscheinungen, die sich in Schmerzen oder Krankheiten äußern können.

Mit der „Zauberformel" Trennkost werden die Körperzellen aus dem sauren Milieu befreit und dabei gleichzeitig entgiftet. So werden belastende Abfallstoffe entsorgt und über eine großzügige Aufnahme von Vitalstoffen werden neue Gesundheitsreserven gebildet.

Vitamine, Mineralstoffe, Spurenelemente und Enzyme müssen wir täglich mit unserer Nahrung aufnehmen, damit alle Organe reibungslos arbeiten können. Zudem spielt aber auch die Essweise nach den Trennkostregeln für die Gesunderhaltung des Körpers eine sehr wichtige Rolle. Eine wahllose Speisenfolge, wie sie im allgemeinen Brauch ist, behindert eine „gute Verdauung" und kann momentane örtliche Beschwerden hervorrufen. Aus diesen Magen- und Darm-Störungen können Jahre später ganz andere Krankheiten erwachsen, die, oberflächlich betrachtet, mit dem Verdauungssystem oder mit der Ernährungsweise in gar keinem Zusammenhang stehen. Denn wer denkt schon bei geschwollenen Fußknöcheln oder Muskelsteifheit daran, dass es sich hier um Ernährungsfehler handeln könnte?

Mit einer natürlichen, vollwertigen Kost erhält unser Körper alle Nährstoffe, die er benötigt. Die darin enthaltenen Vitalstoffe machen unter anderem das Blut fließfähiger. Das bewirkt, dass die roten Blutkörperchen den lebenswichtigen Sauerstoff schneller zu den Organen und ins Gehirn transportieren können. Dadurch werden Sie vitaler und geistig frischer.

Bei welchen Krankheiten wirkt die Trennkost besonders gesundheitsfördernd?

Hier kann ich aus einem reichen Erfahrungsschatz schöpfen, da ich es nicht nur am eigenen Leib erleben durfte, sondern in meinen früheren Trennkostseminaren viele kranke Menschen beobachten konnte, die sich nach und nach eines immer besser werdenden Gesundheitszustandes erfreuten. So erlebte ich den langsamen Heilungsprozess einer durch Gelenkarthrose stark gehbehinderten Frau. Auch verfolgte ich bei einer jungen Frau den Rückgang einer starken Drüsenschwellung. Bei einem anderen Gruppenmitglied sah ich mit eigenen Augen wie sich die blau-roten, schwer entzündeten Fingerkuppen wieder normalisierten und eine gesunde Farbe annahmen.

Weitere erfreuliche Beobachtungen machte ich bei folgenden Krankheitsbildern:

- Übergewicht,
- Bluthochdruck, niedriger Blutdruck, Schwindelgefühle,
- erhöhter Cholesterinspiegel, erhöhte Triglyceridwerte,
- Diabetes mellitus Typ II, Unterzuckerung,
- Venenentzündung, Ödeme, Bindegewebsschwäche (Zellulitis), offene Beine,
- stechende Schmerzen in den Knien,
- Sodbrennen, übersäuerter Magen, Magengeschwüre, Magendrücken, Magenbrennen, Übelkeit, Völlegefühl, Verdauungsprobleme, chronische Verstopfung, sogar Untergewicht,
- Hautunreinheiten, Hautausschlag im Gesicht, Bläschenbildung an den Händen, Furunkel, Nesselsucht, Ekzeme, Juckreiz, Schuppenflechte, Neurodermitis,
- Migräneanfälle, Wechseljahrbeschwerden, kribbelige Unruhe, Nervenkrankheiten,
- Nierensteine,
- rheumatische Beschwerden, Gicht.

Durch diese eindrucksvollen Beweise, die mir heute immer wieder aufs Neue, per Brief und Telefon zugetragen werden, kann ich mit Überzeugung behaupten, dass die Original Haysche Trennkost über eine gesundheitsfördernde Kraft verfügt. Die Erklärung liegt klar auf der Hand: Ausschlaggebend ist das Säure-Basen-Gleichgewicht. Durch die vitamin-, mineralstoff- und enzymreiche basische Kost wird eine Verbesserung des gesamten Stoffwechsels und der Blutwerte herbeigeführt. Zu dieser gesunden Ernährung zählen Gemüse, Salate, Rohkost, Obst, Keimlinge, Kerne und junge Kartoffeln. Außerdem werden durch diese Kost alle Organe aktiviert und gleichzeitig entlastet. Viele Krankheiten wären durch diese gesunde Ernährungsumstellung zu vermeiden, denn auch Bandscheibenbeschwerden, Durchblutungsstörungen, Herzinfarkt, Schlaganfall und Krebs zählen zu den Krankheiten, die durch zu viel Säure hervorgerufen werden können.

Trotzdem möchte ich in Ihnen keine falschen Hoffnungen erwecken, denn die Trennkost ist kein Allheilmittel. Um gesund zu bleiben oder um wieder gesund zu werden, spielt auch die innere Gelassenheit, ein harmonisches Umfeld, die Liebe zu sich selbst und die Lebensfreude im allgemeinen eine sehr wichtige Rolle. Die Trennkost öffnet ihnen eine Tür zu einem harmonischen Leben. Sie selbst bestimmen, ob Sie durch diese gehen möchten.

Rundum wohl fühlen mit der Trennkost

Doch nicht nur kranke Menschen fühlen sich durch die Ernährungs-umstellung nach den Regeln der Trennkost wohler. Die Trennkost hat sich zu einer der beliebtesten Ernährungsformen der heutigen Zeit ent-wickelt, weil sich jeder nach seinem Geschmack seine Mahlzeiten zusammenstellen kann. Sie müssen nicht stur einen Plan verfolgen, sondern Sie können unter sehr vielen Nahrungsmitteln frei auswählen. Auch sind Sie nicht verpflichtet, für den Rest der Familie ein anderes Gericht zu kochen. Sie ergänzen die Mahlzeiten nach Bedarf lediglich durch Beilagen. So isst jeder das, was er oder sie mag, ob mit Fleisch oder vegetarisch. Bei der Trennkost muss niemand auf etwas verzich-ten, denn bei der Fülle von Kombinationsmöglichkeiten wird sich kein Gaumen langweilen.

Mit der Trennkost regulieren Sie so ohne Hunger und Verzicht Ihr Gewicht. Hinzu kommt die gute Verträglichkeit der Speisen. Endlich quält kein Sodbrennen mehr, und ein Blähbauch oder ein lästiges Völ-legefühl nach den Mahlzeiten gehören der Vergangenheit an. Ver-schwunden ist auch die Müdigkeit oder der Leistungsknick nach einem genossenen Mahl. Bald werden Sie auch die Entgiftung und Entsäue-rung des Gewebes spüren. Mit Trennkost fühlt man sich eben rundum wohl.

Wie funktioniert die Trennkost?

Hauptmerkmal der Trennkost ist, wie der Name schon sagt, eine Trennung zwischen den überwiegend eiweißhaltigen und den überwiegend kohlenhydrathaltigen Nahrungsmitteln. Eine hundertprozentige Trennung ist natürlich nicht möglich, sondern nur eine Trennung der Extreme. Sinn und Zweck dieser Trennung ist, die Verdauungsorgane bei der täglichen Nahrungszerlegung nicht zu überfordern, sondern sie zu schonen.

Ein weiterer sehr wichtiger Punkt der Trennkost ist das Beachten des Säure-Basen-Gleichgewichtes. Nach Dr. Hay gehören eiweißreiche Nahrungsmittel (Fleisch, Wurst, Fisch, Käse und Eier), aber auch verschiedene Kohlenhydrate (Zucker, geschältes Getreide und polierter Reis) zu den Säurebildnern. Gemüse, Salate, Keimlinge und Obst, um nur einige zu nennen, zählte Dr. Hay zu den Basenbildnern.

Das Säure-Basen-Gleichgewicht halten

Alle Nahrungsmittel, die wir aufnehmen, werden auf unterschiedliche Art und Weise aufgespalten, zersetzt und verdaut. Der Akt der Verdauung bedeutet für den Organismus Schwerstarbeit und wird vom Menschen, der ja nicht in sein Inneres schauen kann, sehr oft unterschätzt.

So werden die Kohlenhydrate zum Beispiel in einem basischen Milieu verdaut, die Eiweiße hingegen in einem sauren. Darum beginnt die Kohlenhydratverdauung bereits schon im Mund, die Eiweißverdauung aber erst im Magen.

Isst man während einer Mahlzeit gleichzeitig Eiweiße und Kohlenhydrate, werden die Verdauungsorgane oftmals stark überfordert. Die

Folgen falsch kombinierter Speisen können sich durch Sodbrennen, Völlegefühl, Blähungen, Verdauungsstörungen oder durch Müdigkeit zeigen.

Damit die komplizierten und vielfältigen Verdauungsvorgänge reibungslos ablaufen können, sollen Sie die Verdauungsorgane nicht durch ungeeignete Nahrungsmittelkombinationen oder durch zu große Mengen überfordern. Sonst kann es durch die Überbelastung der Bauchspeicheldrüse zu einer verzögerten und nicht ausreichenden Verdauung kommen. Liegen die unvollständig verdauten Nahrungsbestandteile zu lange im Darm, können durch Wärme und Feuchtigkeit Gär- und Fäulnisprodukte entstehen. Diese Abfallstoffe gelangen zur Leber, dem zentralen Organ unseres Körpers, dessen Aufgabe es ist, diese Stoffe umzubauen und zu entgiften.

Sie sehen also: Ungünstig zusammengestellte Nahrung belastet nicht nur unser Verdauungssystem, sondern unter anderem auch so wichtige Stoffwechselorgane wie die Leber.

Dies ist der Grund, warum Dr. Howard Hay die Nahrungsmittel in drei Gruppen aufteilte: in die Eiweiß-, die Kohlenhydrat- und die neutrale Gruppe. Damit Sie nun Ihre Speisen trennkostgerecht zusammenstellen können, lesen Sie bitte im Trennungsplan auf den Seiten 16 bis 19 nach, welches Nahrungsmittel in welche Gruppe gehört.

Wie kommt es zur Säurebildung?

Um diesen Zusammenhang besser zu verstehen, ist es sinnvoll, den eigenen Körper einmal als eine kleine, biochemische Fabrik zu betrachten. Dieses geschlossene System, mit seinen unzählbaren bewussten und unbewussten Funktionen, gleicht einem Wunderbauwerk mit ungeheuren Energien. Um diese Energien, zum Beispiel für Wachstum und Bewegung, Zellerneuerung, Körperwärme, Gedanken und Gefühle, täglich neu entwickeln zu können, benötigt der Körper den geeigneten Brennstoff. Und dieser Brennstoff ist die Nahrung. Es sind neben Vitaminen und Mineralstoffen hauptsächlich die Eiweiße, Kohlenhydrate und Fette, die – in kleinste Teile aufgeschlossen – dem Körper diese geeigneten Bausteine liefern.

So wertvoll die Nährstoffe für einen reibungslosen Ablauf unserer Körperfunktionen auch sein mögen, es bleiben nach ihrer Aufspaltung und Verstoffwechselung leider auch saure Abfallstoffe in unserem Blut zurück. Bei den eiweißreichen Nahrungsmitteln (zum Beispiel Fleisch, Fisch, Käse, Eier, Wurst) sind dies die Harn- sowie die Milchsäure. Auch die Stoffwechselprodukte einiger kohlenhydratreicher Nahrungsmittel (zum Beispiel Zucker, polierter Reis, geschältes Getreide) tragen mit Kohlensäure und stickstoffhaltigen Abfallstoffen zur Säurebildung bei. Bei den Fetten sind es die tierischen Fette, zum Beispiel in Wurstwaren, aber auch die Trans-Fettsäuren, die im Herstellungsprozess von minderwertigen Margarinesorten oder Plattenfetten entstehen. Diese Fette, sie werden als gehärtete Fette bezeichnet, werden gerne in Fast-food-Gerichten, in Gebäck oder in Speiseeis verarbeitet. Je mehr wir also von diesen industriell hergestellten Nahrungsmitteln essen, umso höher sind die belastenden Rückstände in unserem Organismus.

Doch nicht nur Eiweiße, Kohlenhydrate und Fette hinterlassen saure Rückstände im Körper. Auch Kaffee, schwarzer Tee, Kakao, Alkohol, Nikotin und teilweise auch Medikamente lassen den Gehalt an Säure in unserem Blut ebenso ansteigen wie Stress, Ärger, Streit oder Aggressionen. Sogar ein Schreck oder eine unvorhersehbare Freude können den Säurewert in Sekundenschnelle in die Höhe treiben. Zum Glück verfügt unser Organismus über ein gut funktionierendes Puffersystem, und diese giftigen Substanzen werden zum Teil über Nieren, Darm, Haut und Lungen wieder ausgeschieden. Doch eine unaufhörliche Überflutung mit sauren Rückständen kann auch der Gesündeste auf Dauer nicht verkraften.

Erstes Anzeichen einer starken Übersäuerung kann eine bleierne Müdigkeit sein. Mit den Jahren bemerkt man dann ein langsames Nachlassen der Konzentration: hinzu kommen häufig Kopfschmerzen, Verspannungen der Muskulatur, Gicht oder Rheuma, Bandscheibenbeschwerden, Arthrosen, Herz-Kreislauf-Störungen oder ähnliche Beschwerden. Ein junger, gesunder Körper hat noch reichlich Platz, diese überschüssigen Säuren einzulagern. Er transportiert sie dorthin, wo sie am wenigsten stören: ins Bindegewebe, in die Zellen, an

Gefäßwände, in die Augen, in die Gelenke, in die Muskulatur, Sehnen und Bänder sowie in und unter die Haut. Da dieser Prozess der Selbstvergiftung so langsam vonstatten geht, wird er meistens wenig beachtet. In der Tat lässt sich unser Körper auch lange Zeit nichts anmerken, doch mit zunehmendem Alter kann Übersäuerung zu den bekannten Zivilisationskrankheiten führen.

Übrigens, nicht nur ein übergewichtiger Körper kann unter diesen Symptomen leiden, auch ein schlanker Körper kann total übersäuert sein.

Mit Basen die Übersäuerung ausgleichen

Basen, auch Laugen genannt, sind die Gegenspieler der Säuren. Sie haben eine alkalisierende und ausgleichende Wirkung den Säuren gegenüber. Gemüse, Salat, Rohkost, Obst, Keimlinge, Mandeln, Kerne, Samen und junge Kartoffeln zählen zu den Basenbildnern und haben daher einen positiven Einfluss auf unseren Säure-Basen-Haushalt.

Da laut Dr. Howard Hay unser Körper zu 20% aus säurebildenden und zu 80% aus basenbildenden Elementen besteht, sollte auch unsere Ernährung diesem Verhältnis entsprechen. Das heißt, dass die täglichen Mahlzeiten zu 20% aus säurebildenden und zu 80% aus basenbilden-den Nahrungsmitteln bestehen sollen. Mit dieser ausgewogenen Ernährung kann das Gleichgewicht zwischen den Säuren und den Basen aufrechterhalten werden.

Die drei Lebensmittelgruppen

Doch welche Nahrungsmittelgruppen müssen getrennt, und welche können gemeinsam eingenommen werden? Stark eiweißhaltige Nah-rungsmittel und stark kohlenhydrathaltige Nahrungsmittel sollten nach Möglichkeit immer getrennt werden. Die neutralen Nahrungsmittel dürfen nach Belieben mit Nahrungsmitteln aus der Eiweiß- und der Kohlenhydratgruppe gemischt werden.

Neutral bedeutet nicht, dass diese Nahrungsmittel kalorienarm sind, sondern dass diese Nahrungsmittel den Verdauungsprozess der Eiweiße oder der Kohlenhydrate nicht behindern. Sie harmonieren mit allen Lebensmitteln und dürfen daher sowohl mit eiweißreichen als auch mit kohlenhydratreichen zusammen verzehrt werden. Möglicherweise empfinden Sie diese Zuordnung als widersprüchlich, sie beruht aber auf mehrjährigen Erfahrungen.

So sind zum Beispiel gesäuerte Milchprodukte eiweißreich, gelten aber dennoch als neutral, da das Eiweiß durch die Säuerung verändert wurde und so leichter verdaulich ist. Rohes Fleisch und roher Fisch sind ebenfalls eiweißreiche Lebensmittel. Sie gehören aber zur neutralen Gruppe, weil ihre Zellstrukturen noch so sind, wie die Natur sie gebildet hat. Durch Erhitzen werden die Zellstrukturen verändert, und das Eiweiß ist dann schwerer verdaulich. Dennoch sollten Sie rohes Fleisch und rohen Fisch nur in Maßen verzehren, da sie nicht zu den empfehlenswerten Lebensmitteln zählen (siehe auch „Diese Lebensmittel bitte meiden" im Trennungsplan auf Seite 25 f.).

Zu den neutralen Lebensmitteln gehören nach der Trennkostlehre alle Fette, naturbelassene Öle und Butter sowie alle sehr fettreichen Lebensmittel, wie Sahne, vollfetter Käse ab 60% Fett i. Tr., geräucherter Fisch und rohe Wurstwaren. Und das hat folgenden Grund: Fett wird nicht im Magen, sondern erst im oberen Teil des Dünndarms verdaut. Somit stört es den vorangegangenen Verdauungsprozess nicht. Obwohl diese Fette und fettreichen Nahrungsmittel unsere Verdauung nicht ungünstig beeinflussen, sollten Sie sie dennoch nicht zu oft und nur in kleinen Mengen verzehren.

Einige Lebensmittel, auch neutrale, sind mit Vorsicht zu genießen. Zu diesen zählen Fleisch, Wurst und Schinken, aber auch Geräuchertes und Gepökeltes. Auch wenn Sie solche Nahrungsmittel im anschließenden Trennungsplan (siehe Seite 21 bis 27) finden, dürfen Sie dies keinesfalls als Aufforderung zu reichlichem Verzehr verstehen. Ich möchte Ihnen nur zeigen, zu welcher Gruppe bestimmte Nahrungsmittel gehören. Schließlich können Sie selbst entscheiden, was Sie essen möchten.

Trennungsplan

Dieser Trennungsplan gibt Ihnen einen genauen Überblick darüber, welche Lebensmittel in die Eiweißgruppe, welche in die neutrale Gruppe und welche in die Kohlenhydratgruppe gehören. Außerdem finden Sie dort eine Aufzählung von Lebensmitteln, deren Verzehr in der Trennkost nicht empfohlen wird. Ich habe diese zu meidenden Lebensmittel trotzdem im Plan in der zugehörigen Gruppe aufgelistet, damit Sie wissen, in welche sie gehören. Dennoch sollten Sie stets auf Ihr Gefühl horchen selbst entscheiden, ob Sie ein solches Lebensmittel lieber meiden möchten oder nicht.

Innerhalb einer Mahlzeit dürfen zur Eiweiß- und zur Kohlenhydratgruppe gehörende Lebensmittel nicht zusammen gegessen werden, da sonst die Verdauungsvorgänge gestört werden. Folgende Kombinationen sind aber möglich:

● Lebensmittel aus der Eiweißgruppe kombiniert mit solchen aus der neutralen Gruppe,
● Lebensmittel aus der Kohlenhydratgruppe kombiniert mit solchen aus der neutralen Gruppe.

Sie werden, schon nach wenigen Tagen mit Trennkost feststellen, dass es sehr einfach ist, trennkostgerecht Mahlzeiten zusammenzustellen, und dass Sie viel Freiheit bei Ihren Lebensmittelkombinationen haben.

Eiweißgruppe

● *gegarte Fleischsorten:*
vom Rind z.B. Bratenfleisch, Rouladen, Gulaschfleisch, Steaks, Hackfleisch und Geschnetzeltes;
vom Kalb z.B. Schnitzel und Bratenfleisch;
vom Lamm z.B. Koteletts, Keule und Rücken.
Schweinefleisch gehört auch in die Eiweißgruppe. Sein Verzehr wird aber nicht empfohlen
● *gegarte Geflügelsorten,*
z.B. Putenrollbraten, Putenschnitzel und -brust, Putengeschnetzeltes, Gans, Ente, Hähnchen und Poularde.

- *gegarte Wurstsorten,*

z.B. gebratene Bratwurst, Fleischwurst, Leberkäse, Rindswurst, Knacker, Corned beef, gekochter Schinken und Geflügelwurst.

Gegarte Wurstsorten aus Schweinefleisch sind nicht empfehlenswert und sollten daher durch solche aus Rind- und Geflügelfleisch ersetzt werden.

- *ungeräucherte, gegarte Fischsorten,*

z.B. Seelachs, Kabeljau, Lachs, Rotbarsch, Heilbutt, Thunfisch, Makrele, Hering, Forelle, Hecht und Scholle.

- *gegarte Schalen- und Krustentiere (Meeresfrüchte),*

z.B. Muscheln, Garnelen, Krebse und Hummer

- *Sojaprodukte,*

z.B. Sojasauce, Tofu (Sojabohnenquark) und mit Soja hergestellte Brotaufstriche

- *Eier*
- *Milch*
- *Käsesorten mit höchstens 50% Fett i. Tr.,*

z.B. Parmesan, Harzer Käse, Edamer, Gouda, Tilsiter und Emmentaler

- *gekochte Tomaten*
- *folgende Getränke:*

Früchtetee, Apfelwein, herber Weiß- und Rotwein, herber Rosé, trockener Sekt, Obstsäfte und mit Wasser verdünnte Obstsäfte

- *Beerenfrüchte (außer Heidelbeeren),*

z.B. Erdbeeren, Himbeeren, Brombeeren

- *Kernobstsorten (außer mürben, süßen Äpfeln),*

z.B. säuerliche Äpfel, Birnen und Quitten

- *Steinobstsorten,*

z.B. Pfirsiche, Aprikosen und Kirschen

- *Weintrauben*
- *Zitrusfrüchte,*

z.B. Orangen, Zitronen und Grapefruits, Zitronensaft darf in kleinen Mengen auch zum Abschmecken von neutralen und Kohlenhydratgerichten verwendet werden.

- *exotische Obstsorten* (außer Bananen, frischen Feigen und Datteln),

z.B. Mangos, Maracujas, Papayas und Ananas

TIPPS

● Obwohl Obst selbst keine Säuren im Körper bildet (es wirkt basenbildend), wird es zur Eiweißgruppe gezählt. Ein Verzehr von Obst, welches ja viel Fruchtsäure enthält, kann nämlich die Verdauung von kohlenhydratreichen Lebensmitteln behindern. Zählt man Obst zur Eiweißgruppe, dann darf man es nicht zusammen mit Lebensmitteln aus der Kohlenhydratgruppe essen, und die Verdauung kann ganz problemlos ablaufen.

● Verwenden Sie zum Panieren von Lebensmitteln aus der Eiweißgruppe keine Semmelbrösel (sie gehören in die Kohlenhydratgruppe), sondern Sesamsamen, gemahlene Mandeln oder gemahlene Nüsse (alles neutrale Lebensmittel).

● Frikadellen werden in der Trennkost statt mit Brötchen (sie gehören in die Kohlenhydratgruppe) mit Quark oder fein geriebenen Möhren (beides neutrale Lebensmittel) gelockert.

Neutrale Gruppe

Die in dieser Gruppe aufgelisteten Lebensmittel dürfen innerhalb einer Mahlzeit sowohl mit Lebensmitteln aus der Eiweiß- als auch mit solchen aus der Kohlenhydratgruppe gemischt werden.

● *Fette (außer gehärteten und weißen, festen Fetten),*
z.B. Öle (hier bitte die kaltgepressten bevorzugen), ungehärtete Margarinesorten mit einem hohen Anteil an mehrfach ungesättigten Fettsäuren (aus dem Reformhaus) und Butter; außerdem: schmalzähnlicher, pflanzlicher Brotaufstrich (im Reformhaus oder im Naturkostladen unter der Markenbezeichnung „Holstener Liesl" zu finden).

● *gesäuerte Milchprodukte,*
z.B. Joghurt, saure Sahne, Quark, Buttermilch, Dickmilch und Kefir; außerdem: vergorenes Molkekonzentrat (Molkosan, siehe Seite 36)

● *süße Sahne und Kaffeesahne*

● *Käsesorten mit mindestens 60% Fett i.Tr.,*
z.B. Doppelrahmfrischkäse, Butterkäse, Camembert, Rahm- und Butterrahmkäsesorten

● *Weißkäsesorten,*
z.B. Schafs- und Ziegenkäse, Mozzarella, körniger Frischkäse

- *rohe oder geräucherte Wurstwaren,*

z.b. Bündner Fleisch, roher Schinken, Salami und Debrecziner. Hier sollten Sie auf Sorten aus Schweinefleisch verzichten und auf solche aus Rind- oder Putenfleisch ausweichen.

- *rohes Fleisch,*

z.b. Tatar (rohes Fleisch sollte aber möglichst gemieden werden).

- *rohe, marinierte oder geräucherte Fischsorten,*

z.b. Schillerlocken, geräucherter Bückling, geräucherter Aal, geräucherte Makrele oder Forelle, Räucherlachs, Matjeshering und Bismarckhering

- *folgende Gemüsesorten:*

Auberginen, Artischocken, Avocados, Brokkoli, Blumenkohl, grüne Bohnen, Chicorée, Chinakohl, grüne Erbsen, Fenchel, Gurken; Knoblauch, Kohlrabi, Lauch, frischer Mais, Mangold, Möhren, Paprikaschoten, Peperoni, Radieschen, Rettich, rote Beten, Rosenkohl, Rotkohl, Sauerkraut, Sellerie, Spargel, Spinat, rohe Tomaten, Weißkohl, Wirsing, Zwiebeln, Zucchini

- *Blattsalate,*

z.b. Kopfsalat, Endiviensalat, Feldsalat und Eisbergsalat

- *Pilze,*

z.b. Champignons, Austernpilze, Pfifferlinge und Steinpilze

- *Sprossen und Keime,*

z.b. Mungbohnenkeimlinge, Alfalfa und Radieschensprossen

- *Kräuter, Gewürze und Zitrusschalen*
- *Nüsse (außer Erdnüssen) und Samen*

z.b. Haselnüsse, Walnüsse, Kokosnussraspel, Mandeln, Sesam und Mohn

- *Heidelbeeren*
- *ungeschwefelte Rosinen*
- *Oliven*
- *Eigelb*
- *Hefe*
- *Gemüsebrühe*
- *klare, hochprozentige Spirituosen,*

z.B. Korn, Wacholder und klarer Obstbrand

- *Kräutertees*
- *Geliermittel,*

z.B. Gelatine (tierisches Produkt), Agar-Agar (eine pulverisierte Meeresalge – das Pulver wird in kalter Flüssigkeit aufgelöst, dann erhitzt man das Ganze auf 60 bis 80°C und läßt es erkalten), pflanzliche Bindemittel aus Johannisbrotkernmehl (gibt es in Reformhäusern)

Kohlenhydratgruppe

● *Vollkorngetreide*
z.B. Weizen, Roggen, Dinkel, Hafer, Gerste, Hirse, Grünkern, getrockneter Mais und Naturreis
● *Buchweizen*
● *Vollkorngetreideerzeugnisse*
z.B. Vollkornbrot und -brötchen, Kuchen aus Vollkornmehl, Vollkornnudeln und Vollkorngrieß
● *Kartoffeln*
● *folgende Gemüsesorten:*
Bananen, mürbe, süße Äpfel, frische Feigen und frische Datteln
● *ungeschwefeltes Trockenobst (außer Rosinen)*
● *folgende Süßungsmittel:*
Frutilose (siehe Seite 34), Honig, Ahornsirup, Birnen- und Apfeldicksaft, Süßungsmittel dürfen in kleinen Mengen auch zum Abschmecken von neutralen und Eiweißgerichten verwendet werden
● *Kartoffelstärke*
● *Weinsteinbackpulver*
● *Puddingpulver (ohne Farbstoff)*
● *Carobe* (gemahlene Frucht des Johannisbrotbaums – das Pulver wird wie Kakao verwendet und ist im Naturkostladen erhältlich)

TIPP

Getreidebratlinge werden vor dem Panieren nicht in Ei gewendet und nur mit Vollkornsemmelbröseln, gemahlenen Nüssen oder Sesamkörnern paniert.

Diese Lebensmittel bitte meiden:
● *weißes Mehl und daraus hergestellte Produkte,*
z.B. süße und pikante Backwaren, sowie Nudeln und polierten Reis

● *Zucker, Süßstoffe und daraus hergestellte Produkte,*
z.b. Süßwaren, Marmeladen und Gelees
  ● *Fertiggerichte und Konserven*
  ● *getrocknete Hülsenfrüchte, z.b. Bohnen, Erbsen und Linsen*
  ● *Erdnüsse*
  ● *Preiselbeeren*
  ● *Schweinefleisch und rohes Fleisch*
  ● *Wurstwaren*
  ● *rohes Eiweiß von Eiern*
  ● *fertige Mayonnaise*
  ● *gehärtete Fette,*
z.b. normale Margarinesorten und feste weiße Fritier- und Bratfette (Plattenfette)
  ● *schwarzer Tee, Bohnenkaffee, Kakao und hochprozentige Spirituosen*

Auf die richtige Kombination kommt es an

Kombinieren Sie jetzt aus den drei Lebensmittelgruppen Ihre täglichen Mahlzeiten. Zu Eiweiß- oder Kohlenhydratgerichten passen als neutrale Beilage Gemüse, Salate oder Rohkost. Nach Belieben können Sie, ebenfalls aus der neutralen Gruppe, 30 bis 50 g Butter oder Sahne zum Zubereiten der Mahlzeit einsetzen. Nachfolgend finden Sie verschiedene allgemeine Vorschläge, wie Sie Trennkostmahlzeiten zusammenstellen können und welche Mengen empfehlenswert sind.

Vorschläge für Eiweißmahlzeiten

1 Teil Fleisch, Fisch, Eier, Käse oder gegarte Wurstsorten (zum Beispiel 1 Teil = 100 g);
dazu 3 – 4 Teile Gemüse und Salat, gegart oder als Rohkost (entsprechend 300 – 400 g).
Beispiele:
  ● 100 – 150 g Fleisch;
dazu ca. 400 g Gemüse, Salat und/oder Rohkost
  ● 200 g gedünsteter Fisch;
dazu ca. 400 g Gemüse, Salat und/oder Rohkost

● 2 Eier;
dazu ca. 400 g Gemüse, Salat und/oder Rohkost
● 60 – 80 g Käse (bis 50% Fett i.Tr.);
dazu ca. 300 g Gemüse, Salat und/oder Rohkost
● 80 g gekochte Wurstwaren;
dazu ca. 300 g Gemüse; Salat und/oder Rohkost

Falls ein Mitglied Ihrer Familie nicht nach Trennkost essen möchte, können Sie die einzelnen Eiweißmahlzeiten mit Beilagen, z.b. Getreide, Kartoffeln, Reis, Nudeln oder Brot, ergänzen.

Vorschläge für Kohlenhydratmahlzeiten

1 Teil Getreide, Kartoffeln, Naturreis oder Vollkornnudeln (zum Beispiel 1 Teil – 100 g; dieses Gewicht bezieht sich auf das gegarte Lebensmittel);
dazu 3 – 4 Teile Gemüse und Salat, gegart oder als Rohkost (entsprechend 300 – 400 g).
Beispiele:
● 50 g Getreide (roh gewogen) oder
100 g Vollkornbrot;
dazu ca. 400 g Gemüse, Salat
und/oder Rohkost
● 200 g Kartoffeln;
dazu ca. 400 g Gemüse, Salat
und/oder Rohkost
● 60 g Naturreis (roh gewogen);
dazu ca. 400 g Gemüse, Salat
und/oder Rohkost
● 60 g Vollkornnudeln (roh gewogen);
dazu ca. 400 g Gemüse,
Salat und/oder Rohkost

Auch hier können Sie die einzelnen Kohlenhydratmahlzeiten für „Nicht-Trennköstler" in ihrer Familie mit Fleisch, Geflügel, Fisch, Meeresfrüchten, Käse, Eiern oder Wurst ergänzen.

Naturbelassene Nahrungsmittel bevorzugen

Um Zeit zu sparen, greifen heute sehr viele Menschen zu Fertigprodukten oder ernähren sich im Schnellimbiss. Dadurch bekommt der Körper oftmals zu wenig lebenswichtige Nährstoffe, wie Vitamine und Mineralstoffe. Aber gerade diese und viele andere Stoffe aus naturbelassenen Nahrungsmitteln sind für eine gute Verdauung und einen gesunden Stoffwechsel unverzichtbar. Damit der Verdauungsvorgang trotzdem reibungslos abläuft, greift der Organismus dann auf die körpereigenen Basendepots zurück: Muskulatur, Sehnen, Bänder und Knorpel bauen sich ab, und die Knochen entkalken. Die ersten Anzeichen können Muskelsteifheit, Schmerzen in den Gelenken und im Gewebe oder sogar Osteoporose (Knochenentkalkung) sein. Dieser Prozess der Auflösung ist deshalb so dramatisch, da er sich über Jahrzehnte schleichend hinzieht und dadurch nicht so schnell bemerkt wird.

Aus diesem Grund ist die tägliche Aufnahme von Vitaminen, Mineralstoffen, Spurenelementen und Enzymen aus naturbelassenen Nahrungsmitteln sehr wichtig. So ist zum Beispiel ein in der Sonne gereifter Apfel wertvoller als gekaufter Apfelbrei aus dem Glas. Das gleiche gilt für Gemüse oder Getreide. Werden natürliche Lebensmittel industriell behandelt, verschönert oder haltbar gemacht, geht dies immer auf Kosten der hochempfindlichen Vitamine oder Mineralien. Vollgestopft mit Zusatzstoffen, wie Konservierungsmitteln, Antischimmelmitteln oder Geschmacksverstärkern, hat diese Nahrung ihre Lebendigkeit verloren. Solchen Speisen mangelt es an den natürlichen Elementen; ihnen fehlt das Licht in der Nahrung.

In der Yoga-Lehre wird dieses nicht sichtbare Licht „Prana" genannt. Es ist die harmonische Schwingung der Nahrung und der Luft sowie die Schwingung in allem Lebendigen. In ihr steckt die natürliche Kraft, die das Leben zum Positiven verändert und zu dem Vergnügen macht, das es eigentlich sein sollte.

Vielen mag das Wort „Schwingung" fremd klingen, aber wer sich schon mit der Bach-Blüten-Therapie beschäftigt hat, dem ist bekannt, dass Krankheiten und Missstimmungen sehr erfolgreich mit Hilfe von Blütenessenzen und deren Schwingungen behandelt werden. Die Schwingung, die in den Blüten steckt, ist auch in naturbelassenen Nahrungsmitteln enthalten. In allen industriell hergestellten Speisen – seien es Fertiggerichte, Fast-food oder Light-Produkte – fehlt hingegen diese natürliche Schwingung, was sich auf die körperliche und geistige Verfassung jedes einzelnen negativ auswirkt. Viele Menschen werden aufgrund einer nicht natürlichen Nahrung depressiv, schwermütig und stumpf. Andere können aggressiv reagieren und sind leicht reizbar.

In einem Bericht über den Gesundheitszustand von Schülern war zu lesen, dass neben Haltungsschäden und Übergewicht viele Jugendliche psychisch labil oder gestört sind. Trotz dieser besorgniserregenden Tatsache und dem Wissen, dass zwischen Ernährung und Gesundheit ein enger Zusammenhang besteht, werden weiter riesige Mengen industriell hergestellter Nahrung verspeist, die für die Gesunderhaltung von geringem Nutzen ist.

Hinzu kommt, dass durch geschmacksverstärkende Zusatzstoffe, die so gut wie in keinem Fertigprodukt fehlen, der Appetit übermäßig angeregt wird. Dadurch geht das natürliche Gefühl für Sättigung verloren, und Essen wird zu einer kleinen Sucht. Aber ist sie auch harmlos?

Die heimlichen „Verführer", zum Beispiel Aromastoffe, manipulieren den Speichelfluss der Speicheldrüsen. Und immer wenn uns das Wasser im Mund zusammenläuft, müssen wir einfach weiteressen. Die Folgen sind vielfältig und bei weitem nicht so harmlos, wie manch einer glaubt. Von der Beeinflussung des Appetits ganz abgesehen, können Aromen darüber entscheiden, wie in Zukunft unsere Nahrung zu schmecken hat: Naturbelassene Lebensmittel werden der geschmacksintensiveren Fertignahrung weichen. Besonders Kinder sind betroffen, die lieber zu künstlich gereiften Produkten greifen, als zu selbst hergestellten Speisen oder frischem Obst und Gemüse.

Begünstigt wird dieses Verhalten auch dadurch, dass vielen Menschen einfach die Zeit für den Einkauf und für die Zubereitung der Mahlzeiten fehlt. So ist der Griff zur Dose oder zur Tüte nicht verwunderlich. Angeregt durch diese neuen Esssitten, hat die Lebensmittelindustrie im Laufe der Zeit immer mehr zeitsparende Gerichte entwickelt. Gegen den gelegentlichen Konsum von industriell hergestellten Speisen ist sicher nichts einzuwenden, wenn die Ernährung ansonsten ausgewogen ist. Bedrohlich für unsere Gesundheit wird es erst, wenn Fertigprodukte die natürlichen Grundnahrungsmittel gänzlich vom täglichen Speiseplan verdrängen.

Die Lebensmittelauswahl bei der vollwertigen Trennkost sollte so aussehen: Frische Salate, Rohkost, Gemüse, Keimlinge, Samen, Kerne, Mandeln, Obst, Kartoffeln, Vollkornerzeugnisse; als Beilage und zum Verfeinern Fisch, kaltgepresste Öle, in kleinen Mengen Milchprodukte und Eier. Fleisch sollte nur selten auf dem Speiseplan erscheinen und wenn möglich, sollten Sie regionale Produkte der Saison bevorzugen.

Nichts am Trennkostsystem ist kompliziert. Ja, es ist sogar viel einfacher als die herkömmliche Zubereitung der üblichen Mahlzeiten. Statt der üblichen drei Komponenten, zum Beispiel Kartoffeln, Fleisch und Gemüse, werden nur noch zwei zubereitet: Kartoffeln und Gemüse oder Fleisch und Gemüse. Wenn es schnell gehen muss, können Sie Paprika, Gurke, Tomaten oder Kohlrabi nach dem Abschälen roh essen. Dazu passen ein Vollkornbrötchen und eventuell etwas Hüttenkäse. Die Speisen sollten Sie lediglich harmonisch aufeinander abstimmen, damit der Verdauungsprozess nicht behindert wird.

Wenn Sie auf dem Gebiet der Vollwerternährung noch Neuling sind, empfehle ich Ihnen, mit der Ernährungsumstellung ganz langsam und in kleiner Schritten zu beginnen. Lassen Sie sich Zeit, und überstürzen Sie nichts. Alles soll freiwillig und ohne Zwang entstehen. Essen ist eine Lebensfreude, und Sie sollten die Trennkost als eine Bereicherung in Ihrem Leben willkommen heißen und nicht, weil Sie vielleicht zu mollig sind, die Trennkost als Strafe für vermeintliches „Sündigen" ansehen.

Verwechseln Sie die Trennkost nicht mit einer kurzfristigen Diät. Diese Ernährungsweise können Sie ein Leben lang durchführen, ohne dass Sie Mangelerscheinungen befürchten müssen.

Ein Tag mit der Trennkost

Wie einfach die Trennkost im täglichen Leben durchzuführen ist, möchte ich Ihnen mit dem folgenden Beispiel zeigen.

Ein guter Start

Beginnen Sie den Tag mit einem leichten Frühstück. Wählen Sie je nach Geschmack zwischen einem Obstfrühstück, einem Müsli oder einem Brot mit Belag. Wenn Sie sich für Obst entschieden haben, ist es besser, bei einer Sorte beziehungsweise bei artverwandten Früchten zu bleiben. Zum Beispiel passen Pfirsiche oder Nektarinen zusammen, oder Apfelsinen und Mandarinen. Bei Beerenobst: Himbeeren, Erdbeeren und Brombeeren, bei Steinobst: Mirabellen und Pflaumen. Kombinieren Sie diese Obstsorten niemals mit kohlenhydratreichen Lebensmitteln, da Obst sehr viel Fruchtsäure enthält und dementsprechend in einem sauren Milieu verdaut werden muss. (Trotzdem reagiert das säurehaltige Obst später im Stoffwechsel basisch.) Besser ist es, Obst alleine zu essen oder es in nicht zu großen Mengen mit Lebensmitteln aus der Eiweißgruppe zu kombinieren.

Möchten Sie zum Frühstück lieber ein Müsli essen, dann geben Sie statt der frischen Milch ein gesäuertes Milchprodukt hinzu, zum Beispiel Joghurt, Buttermilch, Kefir, Trinksauermilch oder mit Wasser verdünnte Sahne. Zusätzlich können Sie das Müsli mit Nüssen, Rosinen, Honig, Banane oder mit einem geriebenen, mürben Apfel anreichern.

Wenn Sie zum Frühstück lieber eine Scheibe Brot essen möchten, dann achten Sie auch hier auf eine harmonische Zusammenstellung. Sie können auf Ihr Brot etwas Butter geben und, da es keine hundertprozentige Trennung von eiweiß- und kohlenhydrathaltigen Lebensmitteln gibt, zusätzlich in kleinen Mengen (30 g) Wurst oder Käse darauflegen.

Zwischendurch etwas Leichtes

Etwa 2 Stunden nach dem Frühstück ist es sinnvoll, eine kleine Zwischenmahlzeit einzulegen. Hier bietet sich frisches, säurereiches Obst an, wie Ananas, Apfelsine, Erdbeeren, Apfel oder Birne. Sie können aber auch in beliebiger Menge Möhren, Paprika, Gurke oder Ähnliches essen. Ebenso schmeckt ein Naturjoghurt oder ein Glas Buttermilch.

Neue Energie zum Mittagessen

Zum Mittagessen wählen Sie zwischen einer Eiweiß- oder einer Kohlenhydratmahlzeit aus. Wenn Sie sich für eine Eiweißmahlzeit entschieden haben, dann können Sie zwischen Fleisch, Fisch, Käse oder Eiern wählen. Bevorzugen Sie beim Einkauf von Fleisch und Fisch die mageren Sorten. Vermeiden Sie größere Mengen Fleisch, insbesondere Schweinefleisch und daraus hergestellte Produkte. Legen Sie eventuell 2 bis 3 fleischlose Tage in der Woche ein, um einer Übersäuerung des Gewebes mit den damit verbundenen Stoffwechselstörungen vorzubeugen.

Wenn Sie mittags eine Kohlenhydratmahlzeit essen möchten, können Sie zwischen Getreide, Nudeln, Reis oder Kartoffeln wählen. Wichtig ist, egal ob Sie eine Eiweiß- oder Kohlenhydratmahlzeit bevorzugen, dass Sie vor oder zu der Mahlzeit einen Teller Salat, Rohkost oder Gemüse essen. Sie können auch eine halbe Stunde vor dem Mittagessen säurereiches Obst essen. Das sättigt nicht nur, sondern es liefert dem gesamten Organismus zusätzlich wertvolle Vitamine und Enzyme. Da Obst leicht verdaulich ist und schon nach etwa einer halben Stunde basisch verstoffwechselt wird, können Sie anschließend auch eine kohlenhydratreiche Mahlzeit zu sich nehmen.

Trinken Sie vor dem Mittagessen noch ein großes Glas Wasser oder Tee in kleinen Schlucken. Zum Mittagessen selbst sollten Sie nichts trinken, da jetzt jedes Getränk die Verdauungssäfte im Magen verdünnt und die Verdauung so erheblich gestört und verzögert wird. Zu besonderen Gelegenheiten oder festlichen Anlässen können Sie zur Eiweißmahlzeit ein Glas trockenen Wein und zur Kohlenhydratmahlzeit ein Glas Bier trinken. Nach dem Mittagessen sollten Sie Ihrem Magen eine Pause von etwa 3 bis 4 Stunden gönnen und in dieser Zeit nichts essen.

Rascher Kraftnachschub am Nachmittag

Am Nachmittag sinkt bei fast allen Menschen der Blutzuckerspiegel. Essen Sie jetzt eine reife Banane oder Haferflocken mit Kefir. Süßen Sie die Haferflocken mit Honig und ein paar Rosinen. Säurereiches Obst ist am Nachmittag nicht mehr zu empfehlen.

Harmonisches zum Ausklang des Tages

Auch am Abend empfiehlt es sich, Leichtverdauliches zu essen. Auf Fleischgerichte sollten Sie jetzt nach Möglichkeit verzichten, da der

Magen am Abend nicht mehr so aktiv die sauren Verdauungssäfte für die Eiweißverdauung herstellen kann wie mittags. Leichter bekömmlich sind um diese Zeit Kartoffel-, Reis- oder Nudelgerichte. Wichtig ist auch am Abend der Gemüse- oder Salatteller. Im Rezeptteil finden Sie zahlreiche Anregungen für appetitliche und wohlschmeckende Mahlzeiten aus der Kohlenhydratgruppe.

Mengenplan

Durch diesen Plan erfahren Sie, wie ein Tag mit der Trennkost aussehen sollte. Sie sehen, was und wie viel Sie beispielsweise zum Frühstück oder am Mittag essen können und in welchen ungefähren zeitlichen Abständen die verschiedenen Mahlzeiten eingenommen werden sollten. Die Gewichtsangaben und die Uhrzeiten auf dem Mengenplan sind nur Richtwerte.

8.00 Uhr 1 Glas (etwa 200 ml) natriumarmes und stilles Mineralwasser

Frühstück
8.05 Uhr Hier haben Sie die Wahl zwischen einer Kohlenhydrat-, einer Eiweiß- oder einer Obstmahlzeit.

Kohlenhydratmahlzeit:
1 Scheibe Vollkornbrot (50 g)
oder 1 Vollkornbrötchen
oder 3 Scheiben Vollkornknäckebrot.
Die jeweilige Brotsorte dünn mit Butter
oder Margarine bestreichen und mit folgendem
belegen beziehungsweise bestreichen:
30 g rohe Wurst (ca. 3 dünne Scheiben)
oder 30 g Käse ab 60% Fett i.Tr. (ca. 1 Scheibe)
oder 50 g Quark (ca. 2 EL)
oder 2 TL Honig.
   Alternativ dazu können Sie auch ein Müsli (siehe Rezepte Seite 43) oder einen Getreidebrei essen.

Eiweißmahlzeit:
2 Eier (als Spiegeleier oder Rühreier zubereitet oder gekocht. Achtung: Nicht mehr als 3 Eier pro Woche). Dazu können Sie folgendes essen: Tomaten, Gurken, Paprikaschoten, Radieschen oder andere neutrale Gemüsesorten. Brot und anderes Gebäck sind bei der Eiweißmahlzeit nicht erlaubt.

Obstmahlzeit:
In beliebiger Menge frisches Obst der Saison (außer Bananen, frischen Feigen und Datteln).

Wenn Sie auf Ihren Kaffee oder schwarzen Tee nicht verzichten möchten, sollten Sie ihn mit etwas Sahne verfeinern.

Wichtig: Jeden Bissen sorgfältig kauen und gut einspeicheln. Kaffee oder Tee sind kein Speichelersatz.

9.00 Uhr   1 Glas (etwa 200 ml) Früchte- oder Kräutertee oder stilles Mineralwasser.

10.00 Uhr   1 Glas (etwa 200 ml) Früchte- oder Kräutertee oder stilles Mineralwasser

10.30 Uhr   **1. Zwischenmahlzeit**
200 g frisches Obst der Saison (keine Bananen, frische Feigen oder Datteln) oder 250 ml Frischmilch
oder 250 g angesäuerte Milchprodukte (z.B. Joghurt, Quark, Dickmilch oder Buttermilch)
oder 100 g frisches Obst (aber keine Bananen, frische Feigen oder Datteln) und dazu 125 ml Frischmilch oder angesäuerte Milchprodukte

12.00 Uhr   1 Glas (etwa 200 ml) Früchte- oder Kräutertee oder stilles Mineralwasser.

12.30 Uhr   **Mittagessen**
Mittags haben Sie die Auswahl zwischen einer Eiweiß- und einer Kohlenhydratmahlzeit.

Eiweißmahlzeit:
100 – 150 g Fleisch
oder 200 g Fisch
oder 2 Eier
oder 60 – 80 g Käse bis 50% Fett i.Tr.
oder 80 g gegarte Wurstsorten.
Dazu gibt es ca. 400 g neutrales Gemüse und Salat.

Kohlenhydratmahlzeit:
50 g Getreide (roh gewogen)
oder 60 g Naturreis (roh gewogen)
oder 60 g Vollkornnudeln (roh gewogen)
oder 100 g Vollkornbrot
oder 200 g Kartoffeln.
Dazu gibt es ca. 400 g Gemüse und Salat.

Zusätzlich zu den Zutaten für die Eiweiß- oder Kohlenhydratmahlzeit können Sie auch kleine Mengen Butter, Margarine, Öl oder Sahne verwenden. Die genannten Lebensmittel sind neutral und passen immer dazu. Außerdem dürfen Sie zu jeder Mittagsmahlzeit noch 30 bis 50 g neutrale Lebensmittel essen (siehe Trennungsplan Seiten 21 bis 27).

Wichtig: Während einer Hauptmahlzeit sollten Sie nichts oder wenig (in kleinen Schlucken) trinken.

14.00 Uhr 1 Glas (etwa 200 ml) Früchte- oder Kräutertee oder stilles Mineralwasser.

15.00 Uhr 1 Glas (etwa 200 ml) Früchte- oder Kräutertee oder stilles Mineralwasser.

16.00 Uhr 1 Glas (etwa 200 ml) Früchte- oder Kräutertee oder stilles Mineralwasser.

16.30 Uhr   **2. Zwischenmahlzeit**
1 Banane
oder 1 Müsliriegel ohne Zucker

oder 1 Stück Rosinenkuchen
oder 1 Scheibe Knäckebrot mit Honig
oder 2 EL Quark mit 1 TL Honig
oder 1 EL Vollkornhaferflocken und 1 Becher Joghurt
oder 200 g angesäuerte Milchprodukte
Wichtig: Keine Frischmilch trinken.

18.00 Uhr 1 Glas (etwa 200 ml) Früchte- oder Kräutertee oder stilles
Mineralwasser.

18.30 Uhr   **Abendessen**
Abends haben Sie die Auswahl bei den Kohlenhydratgerichten (ab und
an können Sie abends auch einmal ein neutrales oder ein Eiweißgericht
essen).
50 g Getreide (roh gewogen)
oder 100 g Vollkornbrot
oder 60 g Naturreis (roh gewogen)
oder 60 g Vollkornnudeln (roh gewogen)
oder 200 g Kartoffeln
   Dazu gibt es ca. 400 g Gemüse und Salat sowie 30 bis 50 g neutrale
Lebensmittel (siehe Trennungsplan Seite 23) und kleine Mengen Butter, Margarine, Öl oder Sahne.

Abnehmen mit der Trennkost – machen Sie sich's leicht

Abnehmen – warum ist das so schwer?

Das „dicke Ende" einer Schlankheitskur kommt meist sehr schnell. Schon kurze Zeit nach einer Diät sind die mühsam abgehungerten Pfunde wieder drauf, und die Waage zeigt meist sogar ein Kilo mehr an als zuvor. Warum fällt es vielen Menschen so schwer, das erreichte Gewicht nach einer Diät auch zu halten? Die Gründe hierfür liegen zuerst einmal darin, dass während einer Schlankheitskur auf vieles verzichtet wird. Man ist in dieser Zeit gut motiviert und will mit festem Willen sein Ziel um jeden Preis erreichen. Ist dann die Kur beendet, schleichen sich nach und nach die alten und oft schlechten Gewohnheiten wieder ein.

Es ist gar nicht so einfach, seinen Körper und die vielen festgefahrenen Gewohnheiten zu verändern. Hier hat die Erfahrung gezeigt, dass Geduld auf Dauer größeren Erfolg bringt, als ständig den Körper mit neuen Diäten und einem schlechten Gewissen zu belasten. Um abzuspecken und das neue Gewicht auch dauerhaft halten zu können, sollten Sie Ihre Ernährung umstellen, sich viel bewegen und für ein zufriedenes und glückliches Seelenleben sorgen. Gesunde Ernährung heißt ja nicht, auf Gutes zu verzichten, sondern es durch Besseres zu ersetzen.

Der erste Schritt

Zuerst ist es wichtig, wieder ein gesundes Verhältnis zum Essen zu bekommen. Beugen Sie sich nicht mehr strengen Diätvorschriften, und hören Sie auf, ständig Kalorien zu zählen. Vorteilhafter ist es, die Nahrung harmonisch zusammenzustellen. Eine gewisse Ordnung bei der

Zusammenstellung der Nahrungsmittel macht die darauffolgende Nahrungszerlegung durch die Verdauungsorgane sehr viel einfacher. Im nächsten Schritt sollten Sie die Qualität Ihrer Ernährungsweise kritisch überprüfen. Wenn die täglichen Mahlzeiten – ob aus Zeitmangel oder weil sie so gut schmecken – aus Nahrungsmitteln wie heißer Wurst, würzigem Käse, süßen Teilchen aus Weißmehl, Hamburgern, Fertiggerichten, Pudding mit Sahnehäubchen oder Schokoriegeln bestehen, dann ist es sinnvoll, die Ernährung Schritt für Schritt umzustellen.

Fertiggerichte, Fast food, Light-Produkte oder andere, von der Industrie hergestellte Speisen, sollten langsam vom Speisezettel verschwinden, da hier mit Hilfe von appetitanregenden Zusatzstoffen und großen Salzmengen die Esslust übermäßig angeregt wird. Diese Zusatzstoffe können dazu führen, dass man das Maß für die Menge, die man isst, verliert. So „futtern" viele Menschen wahllos Nahrung in sich hinein, ohne richtig satt zu werden. Sie werden von der Industrie zu Futtersuchern erzogen und gleichzeitig dabei langsam gemästet.

Naturbelassene Nahrungsmittel erzeugen im Gegensatz zu industriell hergestellten Speisen keine Suchtgefühle. Sie können dies an sich selbst ausprobieren. Nach dem Genuss einer halben Ananas signalisiert Ihre Zunge, dass Sie von dieser Frucht genug gegessen haben. Honig hat den gleichen Effekt, spätestens nach dem dritten Esslöffel merken Sie, dass Sie genug Süße aufgenommen haben. Die gleiche Sprache sprechen auch andere natürliche Nahrungsmittel, zum Beispiel Haferflocken, Kartoffeln, Rohkost, Gemüse und Obst. Bei Nahrungsmitteln, die von der Industrie hergestellt werden, funktioniert dieser Sättigungsmechanismus nicht mehr. Hier läuft Ihnen aufgrund geschmacksverstärkender Zusatzstoffe ununterbrochen der Speichel im Mund zusammen. Dieses Signal wird vom Gehirn als Hunger wahrgenommen, und das Futtersuchen beginnt von vorne.

Die besten Tipps zum gesunden Abnehmen

● Stellen Sie die Nahrung harmonisch nach den Regeln der Hayschen Trennkost zusammen. Durch die Trennung der besonders eiweißreichen von den besonders kohlenhydratreichen Nahrungsmitteln werden die Verdauungsorgane entlastet.

● Schränken Sie auch stark gesalzene oder gesüßte Speisen ein.

● Essen Sie vor dem Mittag- und vor dem Abendessen einen Teller Salat oder eine leichte Suppe. Das mindert den Heißhunger und liefert dem Körper wichtige Vitamine, Mineral- sowie Ballaststoffe.

● Essen Sie säurereiches Obst aus der Eiweißgruppe (siehe Trennungsplan Seite 21) nicht zusammen mit kohlenhydratreichen Lebensmitteln. (Geben Sie z.B. keine Apfelsinen ins Müsli). Saures Obst stört das optimale, basische Milieu, das für die Kohlenhydratverdauung benötigt wird.

● Kauen Sie jeden Bissen ausreichend. Dies hat zwei Gründe: Gründliches Kauen befriedigt den Appetit und führt so zu einer rascheren Sättigung. Außerdem wird die Nahrung im Mund optimal zur Verdauung im Magen-Darm-Trakt vorbereitet.

● Verwechseln Sie niemals Hunger mit Durst. Beide Signale des Körpers sind ähnlich. Darum ist es ratsam, probeweise etwas Mineralwasser zu trinken, wenn sich ein hungerähnliches Gefühl einstellt.

● Bevorzugen Sie ballaststoffreiche Lebensmittel. Durch deren Quellung wird das Volumen des Speisebreis im Verdauungstrakt vergrößert und somit eine angenehme Sättigung erzeugt.

Wichtig: Da Ballaststoffe stark quellen, sollten Sie, über den Tag verteilt, unbedingt viel trinken (zum Beispiel Mineralwasser).

● Übergehen Sie keine Mahlzeit, und lassen Sie sich nicht völlig aushungern. Übergewicht beginnt häufig mit radikalen Hungerkuren.

● Nehmen Sie über den Tag verteilt $1^{1}/_{2}$ bis 2 l Flüssigkeit auf. Wasserreiches Obst und Gemüse kann anteilmäßig hineingerechnet werden.

● Bei ständigem Hunger auf Schokolade oder andere Süßigkeiten hat sich folgender Tipp bestens bewährt. Statt der üblichen Schokolade können Sie eine kleine Menge Zartbitterschokolade mit mindestens 60% Kakaoanteil essen. Die Sucht verringert sich auf diese Weise ganz langsam. Besser ist es natürlich, auf Müsli, Vollkorngebäck, Nüsse oder Kerne umzusteigen.

● Neben einer gesunden Ernährung spielt die Bewegung bei einer Gewichtsabnahme eine sehr wichtige Rolle. Treiben Sie deshalb ausreichend Sport.

Umsteigen auf Trennkost

Bevor Sie Ihre Ernährung auf Trennkost umstellen, sollten Sie einen so genannten Umschalttag einlegen. Dieser dient der Anregung des Stoffwechsels und der Entgiftung des Körpers.

Neben dem Verzehr der bei den einzelnen Tagen beschriebenen Lebensmittel ist es unbedingt nötig, dass Sie am Umschalttag ausreichend Flüssigkeit zu sich nehmen. Besonders geeignet sind dafür natriumarmes, stilles Mineralwasser sowie Tee (Früchte- und Kräutertee). Nachfolgend finden Sie verschiedene Vorschläge für den Umschalttag. Wählen Sie nach Belieben aus. Übrigens, bei allen Beispielen (außer beim Obsttag) dürfen Sie morgens zusätzlich noch eine Kleinigkeit essen.

Gemüse-Salat-Tag

Essen Sie an diesem Tag ausschließlich Salat und/oder Gemüse der Saison in roher oder leicht gedünsteter Form. Die Menge dieser Lebensmittel richtet sich dabei ganz nach Ihrem persönlichen Appetit. Verzichten Sie beim Dünsten auf Fett und Salz. Nach Belieben können Sie zum Würzen Ihrer Mahlzeiten aber etwas vegetarische Gemüsebrühe (Instantpulver) verwenden.

Obsttag

Bis 15 Uhr können Sie an diesem Tag frisches Obst der Saison (bitte aber keine Bananen, frische Feigen und Datteln) essen. Die Menge richtet sich auch hier nach Ihrem Appetit. Ab 17 Uhr stehen dann noch 2 mittelgroße Bananen oder 2 mittelgroße Pellkartoffeln auf Ihrem Speiseplan.

Kartoffel-Trink-Tag

Diesen Entschlackungstag empfehle ich besonders denjenigen, die einen empfindlichen Magen-Darm-Trakt haben. Und folgendermaßen wird der Kartoffeltrunk zubereitet.

Garen Sie 500 g gut unter Wasser abgebürstete, ungeschälte neue Kartoffeln in etwa 2 l Wasser (ohne Salz). Bei diesen Kartoffeln können Sie die Schale später mitverzehren, ältere Kartoffeln sollten Sie vor dem Garen schälen. Nach dem Kochen werden die Kartoffeln dann zusammen mit der Kochflüssigkeit püriert. Der Kartoffeltrunk wird über den Tag verteilt getrunken.

Kartoffel-Gemüse-Suppen-Tag

An diesem Tag gibt es eine Suppe aus 3 Kartoffeln, 3 Zwiebeln, 3 Stangen Lauch, 1 Stück Knollensellerie und (nach Geschmack) 3 Möhren. Das exakte Gewicht der Zutaten spielt hier keine Rolle. Und so wird die Suppe zubereitet:
Putzen Sie das Gemüse, waschen und zerkleinern Sie es. Dann geben Sie es in einen großen Topf, füllen ihn mit Wasser auf und fügen nach Belieben frische, gehackte Kräuter und Gewürze (zum Beispiel Petersilie, Majoran, Liebstöckel, Kümmel und Knoblauch) hinzu. Anschließend wird alles zugedeckt bei mittlerer Temperatur gegart, bis das Gemüse weich ist. Zum Schluss können Sie die Suppe mit etwas vegetarischer Gemüsebrühe (Instantpulver) abschmecken. Erwärmen Sie die Suppe vor Ihren Mahlzeiten portionsweise und essen Sie sie über den Tag verteilt.

Der 7-Tage-Power-Plan zum Abnehmen

Abnehmen fällt vielen schwer – um Ihnen dabei zu helfen, habe ich einen Speiseplan für eine Woche zusammengestellt, der insbesondere die Gewichtsreduktion fördert. Der erste Tag ist der so genannte Umschalttag auf die Trennkost. Ich habe Ihnen dafür den Kartoffel-Gemüse-Suppen-Tag ausgewählt. Das Rezept für die Suppe finden Sie auf dieser Seite.
Jeder der sieben Tage ist unterteilt in fünf Mahlzeiten: Frühstück, 1. Zwischenmahlzeit, Mittagessen, 2. Zwischenmahlzeit und Abendessen. In den jeweiligen Kästchen finden Sie immer einen Vorschlag für die Mahlzeit. Die Gerichtvorschläge für Frühstück, Zwischenmahlzei-

ten und Mittagessen sind immer für 1 Person gedacht. Das Abendessen ist so konzipiert, dass es stets für 2 Personen reicht.

Selbstverständlich können Sie die einzelnen Tage tauschen oder eine Mahlzeit auch einmal durch eine andere ersetzen, wenn Ihnen danach ist. Bedenken Sie aber, dass abends in der Regel eine Kohlenhydrat-mahlzeit auf dem Speiseplan stehen sollte, denn diese ist dann besonders bekömmlich. Übrigens, Sie können den Plan auch als Anregung für eigene Mahlzeitenzusammenstellungen nehmen – Ihrer Fantasie sind dabei keine Grenzen gesetzt.

Gerade wenn Sie berufstätig sind, empfiehlt es sich, die Mahlzeiten der kommenden Woche bereits am Wochenende zu planen, damit man montags alles einkaufen kann. Frische Lebensmittel, wie Gemüse und Obst, sollten Sie jedoch mehrmals die Woche kaufen, damit die wertvollen Vitalstoffe durch eine zu lange Lagerung nicht leiden.

Verwenden Sie den Trennungsplan daher doch einfach einmal als Planungs- und Einkaufshilfe. Sie sparen Zeit und können sich gleichzeitig schon auf die einzelnen Mahlzeiten der Woche freuen. Wenn Sie die Mengen verdoppeln, können Sie die jeweiligen Gerichte auch am nächsten Tag wieder aufwärmen.

Ich wünsche Ihnen viel Erfolg bei dem Power-Plan und guten Appetit! (Zu den Erklärungen der Symbole siehe Seite 60 f.).

Der 7-Tage-Power-Plan zum Abnehmen

1. Tag (Montag)
- *Frühstück*   **E** 150 g Naturjoghurt (3,5 Fett)
- *1. Zwischenmahlzeit*   **K** Kartoffel-Gemüse-Suppe (Seite 41)
- *Mittagessen*   **K** Kartoffel-Gemüse-Suppe (Seite 41)
- *2. Zwischenmahlzeit*   **K** Kartoffel-Gemüse-Suppe (Seite 41)
- *Abendessen*   **K** Kartoffel-Gemüse-Suppe (Seite 41)

2. Tag (Dienstag)
- *Frühstück*   **K** Vollkornbrötchen mit Olivenfrischkäse und Tomaten (Seite 70)

- *1. Zwischenmahlzeit*   **E** 3 bis 4 große Möhren
- *Mittagessen*   **E** Geflügelsalat mit Mango und Pfefferminze (Seite 108)
- *2. Zwischenmahlzeit*   **K** 1 Banane
- *Abendessen*   **K** Gurken-Joghurt-Kaltschale mit Dill und Vollkornbrot (Seite 79)

3. Tag (Mittwoch)
- *Frühstück*   **E** Früchte in beliebiger Menge nach Saison
- *1. Zwischenmahlzeit*   **N** 250 ml Buttermilch
- *Mittagessen*   **E** Pfifferlingcremesuppe mit Kalbfleischstreifen (Seite 91)
- *2. Zwischenmahlzeit*   **K** Tomatenknäckebrot mit Bündner Fleisch und Schnittlauch (Seite 67)
- *Abendessen*   **N** Grünes Ratatouille (Seite 104)

4. Tag (Donnerstag)
- *Frühstück*   **K** Hafergrütze mit Dickmilch und Birnen (Seite 64)
- *1. Zwischenmahlzeit*   **E** 200 g Weintrauben
- *Mittagessen*   **E** Gedämpftes Gemüse mit Kräuterhüttenkäse (Seite 142)
- *2. Zwischenmahlzeit*   **K** Apfelmüsli mit Zitronenmelisse und Zimt (Seite 63)
- *Abendessen*   **K** Kartoffelgratin mit Ziegenkäse und Pinienkernen (Seite 124)

5. Tag (Freitag)
- *Frühstück*   **K** Honig-Quark-Toast (Seite 66)
- *1. Zwischenmahlzeit*   **E** 1 großer Apfel
- *Mittagessen*   **E** Schwarzer Heilbutt mit Zucchini und Auberginen (Seite 162)
- *2. Zwischenmahlzeit*   **E** 150 g Naturjoghurt (3,5% Fett)
- *Abendessen*   **N** Scharfes Gemüsesauté mit Sesam und frischem Koriander (Seite 140)

6. Tag (Samstag)

● *Frühstück*   **N** Champignon-Radieschen-Quark mit Kresse
(Seite 72) und 1 Vollkornbrötchen

● *1. Zwischenmahlzeit*   **E** 1 große Orange oder anderes Obst der Saison

● *Mittagessen*   **E** Fruchtiger Sauerkrautsalat mit Geflügel-
würstchen (Seite 150)

● *2. Zwischenmahlzeit*   **N** Blaubeermilch (Seite 177)

● *Abendessen*   **K** Elsässer Bohnengratin (Seite 188)

7. Tag (Sonntag)

● *Frühstück*   **K** Buttermilchpfannkuchen mit frischen
Feigen (Seite 66)

● *1. Zwischenmahlzeit*   **E** 1 große Möhre mit 250 ml Kefir und 1 TL
Honig pürieren

● *Mittagessen*   **E** Indisches Lammragout mit Zwiebelgemüse
(Seite 192)

● *2. Zwischenmahlzeit*   **K** Warme Pflaumentarte mit Walnüssen und
Ahornsirup (Seite 118)

● *Abendessen*   **K** Gekräutertes Lauchcremesüppchen (Seite 223)

Das Trennkost-Abc

Diese Übersicht informiert Sie über die wichtigsten Zutaten und
Begriffe der Trennkost. Außerdem erhalten Sie kurze und knappe
Erklärungen zu allen Fragen und Themen, die die Trennkost betreffen.

Agar-Agar

Das aus Meeresalgen hergestellte Pulver eignet sich sehr gut zum Gelie-
ren. Es wird in kalter Flüssigkeit gelöst und dann auf 60 bis 80°C
erhitzt. Es dickt erst nach dem Erkalten ein.

Apfel

Saftig und frisch enthält er noch sehr viel Fruchtsäure und zählt darum
zur Eiweißgruppe. Der mürbe, etwas runzelig gewordene Apfel hat
diese Fruchtsäure verloren und zählt zu den Kohlenhydraten.

Apfeldicksaft
Der Saft wird aus reifen Äpfeln hergestellt und gehört in die Kohlenhydratgruppe. In kleinen Mengen kann er zum Süßen von Eiweißgerichten verwendet werden.

Apfelessig
Er wird aus ganzen, vollreifen Äpfeln hergestellt und liefert alle Mineralstoffe, die auch im Apfel enthalten sind. Zwei Teelöffel davon mit einem Glas Wasser vermischt, vor jeder Mahlzeit getrunken, bringen bei übergewichtigen Menschen das Fett zum Verschwinden. Apfel- oder Obstessig kann auch zum Säuern der Speisen bei kohlenhydrathaltigen Mahlzeiten verwendet werden.

Banane
Dieser wertvolle Energiespender gleicht insbesondere am Nachmittag, wenn der Blutzuckerspiegel sinkt, den Zuckergehalt im Blut optimal aus.

Basen
Es handelt sich dabei um alkalische Mineralien, die hauptsächlich aus Kalium, Kalzium, Natrium und Magnesium bestehen. Sie sind fähig, eine Übersäuerung im menschlichen Körper zu neutralisieren. Grün- und Wurzelgemüse, Rohkost, Obst, Keimlinge und Keime der Getreidekörner sowie die äußere Schicht der Kartoffeln, Kerne und Samen enthalten viele alkalische Mineralien.

Basendepots
Im menschlichen Körper deponieren die Gelenkkapseln, Knochen, Knorpel, Sehnen, Muskeln und Nervenscheiden die alkalischen Mineralien. Bei Mangel an basenbildender Nahrung werden dem Körper im Verdauungsprozess diese wertvollen Mineralien entzogen, Knochen, Knorpel, Muskeln und Nervenscheiden bauen sich ab.

Bindemittel, pflanzliche
Sie werden aus Johannisbrotkernmehl gewonnen, sind geschmacksneutral und enthalten nur wenige Kalorien. Im Handel finden Sie solche

Bindemittel unter dem Produktnamen „Biobin" oder „Nestargel". Verwenden Sie das Pulver nur sehr sparsam, denn es bindet schnell. Beachten Sie daher unbedingt die Dosierangaben auf der Verpackung.

Brottrunk

Er aktiviert den Stoffwechsel und regt die Zellatmung an. Entsteht bei der Herstellung von Natursauerteig und kann durch weitere Fermation gewonnen werden. Er ersetzt bei der Trennkost den Essig.

Butter

Ein natürliches Produkt, das zur neutralen Kost zählt. Da sie aber sehr fettreich ist, sollte sie nur in kleinen Mengen verwendet werden. Ein zu starkes Bräunen oder Erhitzen der Butter sollte vermieden werden.

Cholesterin

Dieser Fettbegleitstoff ist ein wichtiger Baustein allen menschlichen und tierischen Lebens. Bei einem erhöhten Cholesterinspiegel handelt es sich lediglich um ein Warnsignal, dass der Fettstoffwechsel gestört ist, aber nicht darum, dass man kurz vor einem Herzinfarkt steht. Bei der Trennkost darf man trotz erhöhter Cholesterinwerte auch vollfetten Käse, Butter und Eier in Maßen essen. Die Begründung liegt darin, dass neben diesen säurebildenden Nahrungsmitteln zum Ausgleich sehr viel basenbildende Kost (Gemüse, Salate, Rohkost und Obst) gegessen wird. Diese enthalten, neben anderen Vitaminen und Mineralstoffen, das wertvolle Kalium, welches fähig ist, den Verhärtungsprozess der Blutgefäße aufzuhalten.

Datteln

Sie zählen, wie alle Trockenfrüchte, zur Kohlenhydratgruppe.

Diabetes mellitus

Diese Erkrankung wird im Volksmund Zuckerkrankheit genannt. Man unterscheidet zwischen Diabetes mellitus Typ I und Typ II. Typ I, der Jugenddiabetes, ist nicht heilbar, da die Bauchspeicheldrüse kein Insulin produzieren kann. Die Stoffwechsellage bei Typ II, dem Altersdiabetes, kann jedoch durch Trennkost günstig beeinflusst werden. Durch die harmonische Ernährungsweise wird die Bauchspeicheldrüse entlastet und ist in vielen Fällen wieder bereit, Insulin zu produzieren. Sie können bei beiden Krankheitsformen problemlos diese Ernährungsform durchführen, sollten aber zur Kontrolle weiterhin Ihren Blutzuckerspiegel messen.

Übrigens: In einer Langzeitstudie haben Forscher der Universität Bloemfontein in Südafrika jetzt festgestellt, dass durch die Trennkost die erhöhten Nüchterninsulinwerte bei Diabetikern deutlich sinken.

Eier
Ganze Eier zählen zur Eiweißverdauung.

Eigelb
Hat einen höheren Eiweißgehalt als das Eiklar. Gleichzeitig hat Eigelb aber einen noch höheren Fettgehalt. Deswegen zählt es zur neutralen Kost.

Eiweißverdauung
Die Eiweiße werden in einem sauren Milieu verdaut, sie beginnt also erst im Magen.

Energie
Jeder hat schon die Erfahrung gemacht, dass nach einem gemischten, reichhaltigen Mahl kurze Zeit später eine bleierne Müdigkeit auftritt. Ganz anders reagiert der Körper nach einer harmonischen Mahlzeit. Obwohl die gleiche Menge verzehrt wird, kommt es durch ein getrenntes Essen zu keinem Leistungsknick. Der Körper verfügt über mehr Energie, die durch ein gemischtes Essen beim Verdauungsprozess verbraucht wird.

Entgiften und entsäuern
Viele Nahrungsmittel hinterlassen im Verdauungsprozess saure Abfallstoffe, die sich im Laufe der Jahre in den Gelenken, Organen und Arterien sowie in der Muskulatur und im Bindegewebe ablagern. Die Fol-

gen können Müdigkeit, Nachlassen der Konzentration, schnelleres Altern und langsam beginnende Krankheiten sein. Um dies zu vermeiden oder vorhandene Schäden wieder zu regulieren, ist es wichtig, solche Nahrungsmittel zu bevorzugen, die fähig sind, den Körper von diesen Abfallstoffen zu befreien, zu entgiften und zu entsäuern. Dazu zählt vitamin- mineralstoff- und enzymreiche Kost, die überwiegend aus Gemüse, Salat, Rohkost, Obst, neuen Kartoffeln, Keimlingen, Kernen und Samen bestehen soll.

Entwässern
Starke Wasseransammlungen im Gewebe sind oft die Ursache eines gestörten Kalium-Natrium-Verhältnisses im Körper. Trennkostgerechte Mahlzeiten liefern genügend Kalium, um überschüssige gebundene Flüssigkeiten zwischen und in den Zellen ausspülen zu können.

Essig
Besonders Essigessenz zählt zu den stark säurebildenden Nahrungsmitteln und wird bei der Trennkost nicht empfohlen. Essigersatz, speziell für Kohlenhydratgerichte, sind Obstessig, Molkosan und Brottrunk. Bei Eiweißgerichten kann gut Zitronensaft verwendet werden oder in kleinen Mengen Balsamicoessig.

Feigen
Sie zählen zur Kohlenhydratgruppe.

Fertigkost
Diese Gerichte sind bei der Trennkost nicht empfehlenswert, da verschiedene Aromastoffe und ein zu hoher Salzgehalt die Geschmacksnerven übermäßig anregen. Dadurch werden dem Gehirn Hunger und Appetit signalisiert. Menschen werden zum Futtersucher erzogen und dabei heimlich „gemästet".

Fette, gehärtete
Sie sollten vermieden werden, da sie Trans-Fettsäuren enthalten. Diese sind am erhöhten Cholesterinspiegel maßgeblich beteiligt. Speziell bei

Margarinesorten mit der Aufschrift „cholesterinfrei" sollte die Zutatenliste aufmerksam gelesen werden. Gehärtete Fette sind auch in Fertigprodukten, Eisspezialitäten, Schokolade, Süßwaren, Platten- und Frtitierfetten enthalten.

Fette, ungehärtete

Butter, ungehärtetes Kokosfett oder andere ungehärtete Pflanzenfette, zum Beispiel Margarine aus dem Reformhaus sind empfehlenswert, aufgrund ihres hohen Anteils an ungesättigten Fettsäuren. Sie sollten jedoch nur sparsam verwendet werden, da sie viele Kalorien enthalten.

Fisch

Im gegarten Zustand zählt Fisch zu den eiweißhaltigen Nahrungsmitteln. Durch den Kochprozess hat sich die Zellhaut verhärtet und verdichtet. Gekochter oder gebratener Fisch ist daher schwerer verdaulich als roher Fisch.

Fisch, heiß geräucherter

Aufgrund des extrem hohen Fettgehaltes ist der Fisch neutral.

Fisch, kalt geräucherter

Dieser Fisch ist in der Faserstruktur noch unverändert und zählt darum zur neutralen Kost.

Fisch, roher

Dazu gehören zum Beispiel Matjes oder Lachs. Roher Fisch ist ebenfalls in der Faserstruktur unverändert und zählt darum zur neutralen Gruppe.

Fleisch, rohes

Dieses eiweißreiche Nahrungsmittel zählt dennoch zur neutralen Kost, da die Zellstruktur noch unverändert ist. Erst durch Kochen oder Erhitzen verändert sich die Zellhaut, indem sie sich verdichtet und verhärtet. Dadurch wird das Fleisch schlechter aufspaltbar, gleichzeitig auch schwerer verdaulich. Speisen mit rohem Fleisch sollten deshalb nicht zu häufig auf Ihrem Speiseplan stehen.

Frutilose
Es handelt sich hierbei um einen schonend eingedickten Obstdicksaft aus dem Reformhaus. Er zählt zur Kohlenhydratgruppe, kann allerdings in kleinen Mengen auch zum Süßen von Eiweiß- oder von neutralen Gerichten verwendet werden.

Gelatine
Dieses Geliermittel tierischer Herkunft wird erst nach dem Erkalten fest. Sie zählt zur neutralen Gruppe.

Gemüsebrühe, vegetarische
Die Streuwürze (Instantpulver) wird von verschiedenen Herstellern angeboten. Sie wird nur aus pflanzlichen Zutaten hergestellt und ist daher cholesterinfrei. Außerdem enthält sie kein Gluten (Weizenkleber) und keine gehärteten Fette.

Hay, Howard, Dr. med.
Der Erfinder der Hayschen Trennkost litt an einer Schrumpfniere und war ein Todeskandidat. Mit seiner Ernährungsumstellung gelang ihm die totale Genesung.

Heißhunger
Er entsteht fast immer durch ein vorangegangenes Hungern und damit ein Abfallen des Blutzuckerspiegels. Mehrere kleine Mahlzeiten täglich verhindern extreme Blutzuckerschwankungen.

Honig
Er hat fast ebenso viele Kalorien wie Zucker. Dennoch besteht hier ein enormer Unterschied, der gerade bei übergewichtigen Menschen ausschlaggebend ist: Honig macht nicht „süchtig". Nach 2 bis 3 Esslöffeln dieser natürlichen Süße reagiert der Gaumen mit Überdruss.

Ganz anders bei weißem Zucker. Hier kann man beinahe unbemerkt große – der Gesundheit nicht zuträgliche – Mengen in Form von Schokolade oder Pralinen verzehren, ohne dass ein Gefühl von „genug" signalisiert wird.

Hülsenfrüchte

Sie gelten als schwer verdaulich, was unter anderem auf die Saponine (organische Verbindungen) zurückzuführen ist. Diese wirken stark schäumend im Darm – ähnlich wie eine Seifenlauge, die die Luft am Entweichen hindert. Die Folgen sind ein aufgeblähter Leib. Hülsenfrüchte enthalten außerdem gleichzeitig große Eiweiß- und Kohlenhydratmengen, was diese Nahrung zudem noch schwerer verdaulich macht.

Immunsystem

Eine gesunde Ernährung und das Immunsystem stehen im engen Zusammenhang miteinander. Wird der Körper optimal mit Vitaminen, Mineralstoffen, Spurenelementen und Enzymen versorgt, wachsen systematisch auch die Abwehrkräfte. Ein gesundes Immunsystem beugt Infekten, Allergien und anderen Beschwerden dauerhaft vor. Die Haysche Trennkost ist ein Ernährungsprogramm, das Ihr Immunsystem stärkt.

Jungbrungen

Der Traum der Menschheit: ewig jung bleiben. Wissenschaftler haben herausgefunden, die Formel für eine lange Jugend heisst: Ausgewogene Ernährung, ausreichende Bewegung und ein ausgeglichenes Seelenleben – die richtige Mischung macht es.

Kaffee

Dieses Getränk zählt zu den Genussmitteln und Säurebildnern. Im „Original Hayschen Trennkost Buch" heißt es: „Wer auf seinen Kaffee nicht verzichten möchte, der genieße ihn mit Rahm, dann ist er bekömmlicher. Magen-, Leber- und Gallenkranke sollten Kaffee völlig meiden." Es ist Ihnen überlassen, ob Sie weiterhin Kaffee trinken oder ob Sie nach einer Alternative dazu suchen.

Kakao

Er enthält Stoffe, die dem Koffein stark ähneln. Sie wirken aufputschend auf das Zentralnervensystem und belasten den Organismus.

Allerdings hebt Kakao, in kleinen Mengen genossen, den Serotoninspiegel, und wir fühlen uns dadurch glücklicher.

Kalium

Der Gegenspieler vom Natrium reguliert den Wasserhaushalt. Besonders bei der Gewichtsabnahme ist Kalium sehr wichtig, weil damit überschüssiges Wasser in und zwischen den Zellwänden natürlich abgeführt werden. Kalium ist in Kartoffeln, Bananen, Trockenobst, Pilzen, Nüssen, Gemüse, Salat, Rohkost, Obst und Obstessig reichlich enthalten.

Kalorien zählen

Das ist nicht immer sinnvoll. Aus meiner Erfahrung weiß ich, dass Menschen, die Kalorien sparen möchten, oftmals im Laufe des Vormittags nichts essen. Erst um die Mittagszeit nehmen sie zögernd wenig Kalorien auf, in Form von Joghurt oder trockenen Brötchen. Am Nachmittag oder Abend können sie dann süßen Kuchen und herzhafter Wurst nicht mehr widerstehen. Umgerechnet haben diese Personen zwar nur etwa 1000 Kalorien aufgenommen, bringen sich aber selbst in die Gefahr der Unterzuckerung und riskieren zudem einen Vitamin- und Mineralstoffmangel. Beides kann durch die Unterversorgung zu regelrechten Fressanfällen führen.

Kartoffelbrei

Dieses kohlenhydratreiche Gericht sollte nicht mit Milch, sondern im eigenen Kochwasser gestampft werden. Zum Verfeinern können Sie einen Schuss Sahne hinzufügen.

Käse ab 60% Fett i.Tr.

Er zählt wegen des hohen Fettgehaltes zur neutralen Kost. Auch wenn dieser Käse weder die Eiweiß- noch die Kohlenhydratverdauung stört, sollte er nur in Maßen verzehrt werden.

Käse bis 45% Fett i.Tr.

Dazu gehört zum Beispiel Gouda oder Tilsiter. Er zählt zu den Eiweißen und sollte darum nicht mit Brot kombiniert werden – höchstens in kleinen Mengen, etwa 30 g. Übergewichtige Menschen bevorzugen gerne magere Käsesorten, weil sie meinen, dass sie weniger Kalorien enthalten. Was viele aber nicht wissen: In den mageren Käsesorten befindet sich oftmals doppelt so viel Salz als in den vollfetten.

Kohlenhydrate
Im Körper sorgen sie dafür, dass der Wärmehaushalt stimmt. Sie sind sozusagen der Brennofen des Lebens. Welche Nahrungsmittel zu den Kohlenhydraten zählen, entnehmen Sie bitte dem Trennungsplan auf der Seite 19.

Kohlenhydratverdauung
Sie beginnt bereits im Mund, denn die Kohlenhydrate werden in einem basischen Milieu verdaut.

Kräuter, frische
Sie spielen in den Rezepten eine ganz wesentliche Rolle. So kann meist auf Salz und immer auf Pfeffer verzichtet werden. Greifen Sie außerhalb der Saison auf Tiefkühlprodukte zurück.

Lebensmittel, eiweißreiche
Dazu zählen insbesondere gegarte Fleisch-, Geflügel- und Fischsorten sowie Eier, Milch, Käse bis 50% Fett i. Tr., Obst, Wein, Früchtetee und Obstsäfte. Die Lebensmittel können mit solchen aus der neutralen Gruppe kombiniert werden.

Lebensmittel, kohlenhydratreiche
Vollkorngetreideerzeugnisse, Kartoffeln, einige Obst- und Gemüsesorten gehören zu dieser Gruppe. Sie können die Lebensmittel mit solchen aus der neutralen Gruppe kombinieren.

Lebensmittel, neutrale
In der Trennkost stören sie weder die Eiweiß- noch die Kohlenhydratverdauung. Sie sind nicht mit kalorienarmen Lebensmitteln zu verwechseln; einige sind sogar sehr gehaltvoll und zählen zudem zu den Säurebildnern. Diese Lebensmittel bereichern zwar den Speiseplan,

sollten aber in kleinen Mengen genossen werden. Neutral sind aber auch verschiedene Gemüse- und Salatsorten. Diese wiederum zählen zu den Basenbildnern und sollten reichlich verzehrt werden (siehe Trennungsplan Seite 18).

Light-Produkte

Sie eignen sich nicht zur Gewichtsabnahme. Ganz im Gegenteil, denn durch die geschmacksverstärkenden Aromen und den teilweise zu hohen Salzanteil wird der Speichelfluss im Mund übermäßig angeregt. Und immer, wenn Speichel im Mund zusammenläuft, werden dem Gehirn Hunger und Appetit signalisiert.

Margarine

Sie sollte nur aus hochwertigen Ölen bestehen und frei von gehärteten Fetten sein. Sie gehört zu den neutralen Lebensmitteln.

Milch

Dieses Getränk zählt zur Eiweißgruppe und sollte nicht mit Kohlenhydratgerichten verarbeitet werden.

Milchersatz

Eine Mischung aus Wasser und süßer Sahne läßt sich gut zur Herstellung von Kartoffelbrei, Pudding, Pfannkuchen oder Müsli einsetzen. Das richtige Verhältnis ist $1/3$ süße Sahne zu $2/3$ Wasser.

Milchprodukte, gesäuerte

Dazu gehören zum Beispiel Kefir, Trinksauermilch, Joghurt und Quark. Diese Produkte sind zwar eiweißreich, gelten aber dennoch als neutral. Durch den Säuerungsprozess – herbeigeführt durch die Milchsäurebakterien – wird die ansonsten schwer verdauliche Milch flockig und somit leichter verdaulich.

Molkosan

Das vergorene Molkekonzentrat ersetzt, mit wenig Wasser verdünnt, den Essig bei den Kohlenhydratgerichten.

Natrium

Dieser Mineralstoff hat die Eigenschaft, das Wasser im Körper zu binden. Dadurch kann es zu unliebsamen Gewichtszunahmen kommen. Natrium ist reichlich in Wurst, Käse, Fischwaren, Brot und besonders in Fertigprodukten versteckt vorhanden.

Naturreis

Der ungeschälte Reis mit Keimling und Silberhäutchen enthält im Gegensatz zum polierten weißen Reis wichtige Vitamine und Mineralstoffe. Um die relativ lange Garzeit zu verkürzen, sollten Sie ihn vor dem Kochen etwa 8 Stunden oder über Nacht in Wasser einweichen.

Obst

Frisch geerntetes Obst muss mit den sauren Säften des Magens vorverdaut werden und zählt somit zur Eiweißverdauung. Reife Früchte sollten Sie bevorzugen. Lediglich Bananen, Feigen und Datteln gehören zu den Kohlenhydraten. Hier spielt der Zuckergehalt die ausschlaggebende Rolle.

Öle

Naturbelassen, kaltgepresst und unraffiniert enthält Öl wertvolle Vitamine, Mineralstoffe und Enzyme sowie mehrfach ungesättigte Fettsäuren, die den Fettstoffwechsel nicht belasten. Zum Kochen und Braten sollten Sie nur solche Öle verwenden, die für starke Erhitzung gut geeignet sind, wie Sonnenblumen- oder Olivenöl. Andere hochwertige Öle, zum Beispiel Distel-, Weizenkeim-, Leinsamen- und Maiskeimöl eignen sich hervorragend für Salate.

Quark

Das gesäuerte Milchprodukt zählt zur neutralen Kost, weil die Milch durch die Säurebakterien leichter verdaulich wird. Der Fettgehalt spielt hierbei keine Rolle.

Rosinen

Dieses Trockenobst zählt im Gegensatz zu anderen Trockenfrüchten zur neutralen Kost. Dr. Ludwig Walb hatte diese Früchte von Chemikern untersuchen lassen, mit dem Ergebnis, dass sie weder Säuren noch Basen bilden und zudem weder die Eiweiß- noch die Kohlenhydratverdauung behindern. In meinen Trennkostgruppen machte auch ich die Erfahrung, dass Rosinen von allen Teilnehmern – ob zu Eiweiß- oder Kohlenhydratmahlzeiten – immer gut vertragen wurden.

Salatsauce

Zur Eiweißmahlzeit kann der Salat mit etwas Balsamicoessig oder Zitrone zubereitet werden. Zum Säuern von kohlenhydrathaltigen Speisen eignen sich sehr gut Molkosan, Brottrunk oder Obstessig.

Salz

Sparsam verwendet, gibt Salz vielen Speisen erst die Würze. Zum Salzen empfehle ich Meersalz, das lebensnotwendige Mineralstoffe enthält, zum Beispiel Jod. Auch Kräutersalz (sein Kochsalzgehalt liegt bei 84%) ist gut zum Abschmecken geeignet.

Säuren

Das sind Stoffe, die dem Körper durch die Nahrung (Eiweiße und Kohlenhydrate) zugeführt werden. Dadurch können im Körper Harnsäure, Milchsäure, Kohlendioxid oder stickstoffhaltige Abfallstoffe entstehen. Aber auch im Körper selbst werden durch den Stoffwechsel diese Säuren produziert. Auch durch Ärger, Streit und Stress kann der Säurewert im Blut in Sekundenschnelle ansteigen. Durch die Säureeinwirkungen können die Blutblättchen aneinanderkleben. Es kann zu Durchblutungsstörungen kommen und im schlimmsten Fall zu Herzinfarkt oder Schlaganfall.

Schokolade

Dieses Genussmittel hat viel Zucker und Fett. In kleinen Mengen genossen, lassen Schokolade und Zucker den Serotoninspiegel (ein glücklich machendes Hormon) ansteigen und wir fühlen uns wohl. Übermäßiger Genuss dagegen verkehrt die Wirkung ins Gegenteil: Reizbarkeit, üble Laune, Aggressivität oder sogar Depressionen sind die möglichen Folgen.

Senf
Er gehört zu den nicht empfehlenswerten Lebensmitteln. Statt Senf sollten Sie, aber nur in kleinen Mengen, Senfpulver verwenden.

Süßstoffe
Sie werden auf rein synthetischer Basis hergestellt und enthalten keinen echten Zucker. Die süßschmeckenden Stoffe im Mund signalisieren der Bauchspeicheldrüse, dass jetzt etwas Süßes kommt. Die Bauchspeicheldrüse produziert vorsorglich Insulin, tatsächlich wird aber nur eine Imitation zugeführt. Das überschüssige Insulin nimmt nun notgedrungen die Glukosereserven aus dem Blut, mit der Folge, dass die Zuckerkonzentration beträchtlich absinkt. Es kommt zu einer Unterzuckerung und dadurch zu erneutem Hunger. In der Schweinemast ist dieser Effekt schon lange bekannt. Füttert man zum üblichen Mastfutter Süßstoffe, so haben die Schweine einen größeren Appetit. Sie fressen mehr und nehmen dadurch schneller zu.

Tomaten
Roh zählen sie zur neutralen Kost, nach dem Erhitzen zum sauren Obst, also zur Eiweißverdauung. Laut Dr. Hay verändert sich durch das Erhitzen die Substanz der Früchte und sie schmecken sauer.

Tomaten, getrocknete
Sie zählen zur Kohlenhydratgruppe.

Trennung
Durch die Trennung der Eiweiße von den Kohlenhydraten wird eine Mahlzeit bekömmlicher, denn saures Aufstoßen, Magenbrennen und Völlegefühl werden verhindert. Auch die Bauchspeicheldrüse profitiert davon, denn sie kann ihren vielen Tätigkeiten gerecht werden, indem sie nicht überfordert wird.

Trinken
Zum Essen sollte man nichts trinken, da sonst die Verdauungssäfte verdünnt werden und die Verdauung erheblich gestört wird.

Trockenobst

Da während des Trocknungsprozesses dem Obst Wasser entzogen wird, steigt der Zuckergehalt erheblich an. Darum zählt Trockenobst zu den Kohlenhydraten.

Unterzuckerung

Ein großes Problem unserer heutigen Zeit ist die Unterzuckerung. Speziell Süßigkeiten treiben den Blutzuckerspiegel rasant nach oben, um anschließend durch die Insulinproduktion der Bauchspeicheldrüse dramatisch wieder abzusinken. Dadurch entsteht eine oftmals starke Unterzuckerung, die mit Heißhungerattacken und anschließenden Fressanfällen beantwortet wird. Auch denaturierte Nahrungsmittel, wie weißes Mehl, geschälter Reis oder helle Nudeln, lassen den Blutzuckerspiegel sinken. Ebenso hastig verschlungenes Essen oder übergangene Mahlzeiten. Die Folgen einer Unterzuckerung können anschließendes unkontrolliertes Essen, Kopfschmerzen und Aggressivität sein.

Verdauung

So nennt man den Zersetzungsprozess der Speisen nach dem Essen. Über Drüsen werden wichtige Verdauungssäfte hergestellt, die Enzyme enthalten. Ohne diese mit Mineralien angereicherten Verdauungssäfte ist eine Verdauung nicht möglich. Werden dem Körper die Vitamine, Mineralien, Spurenelemente und Enzyme nicht wieder zugeführt, so ist er gezwungen, an unsere basischen Depots zu gehen. Mineralien werden aus den Knochen, Knorpeln, Gelenkkapseln, Sehnen, Bändern und aus der Muskulatur herausgelöst, um eine reibungslose Verdauung zu gewährleisten. Ganz langsam entmineralisiert der gesamte Körper, und es können Krankheiten, entstehen. Die Verdauungssäfte sollten, speziell, nach einer Hauptmahlzeit, nicht sofort mit Getränken verdünnt werden. Darum empfiehlt es sich, nach dem Mittagessen eine Trinkpause von 1 Stunde und eine Esspause von 3 bis 4 Stunden einzuhalten.

Walb, Ludwig, Dr. med.

Er entdeckte als erster deutscher Arzt die Haysche Trennkost. Diese Ernährungsform praktizierte er sehr erfolgreich in seiner Stoffwechselklinik in Homberg/Ohm. Leider hatte er zu viele Gegner, die nicht zugeben wollten, dass eine gesunde und harmonische Ernährungsform dazu beitragen kann, Krankheiten zu heilen. Dr. Walb zog sich in seine Klinik zurück und war nur noch wenigen Eingeweihten bekannt. Sein Erbe habe ich 1979 übernommen und setze es voller Freude und Optimismus in seinem Sinne fort.

Weinsteinbackpulver
Im Gegensatz zu herkömmlichem Backpulver enthält es kein Phosphat. Es kann aber wie dieses problemlos zum Backen verwendet werden.

Weißkäse
Dies sind Frischkäsesorten, die weder gereift sind noch erhitzt wurden, wie Schafskäse, Ziegenkäse, Hüttenkäse, Doppelrahmfrischkäse, Schichtkäse, Cottage Cheese, Mozzarella und Quark. Sie zählen zur neutralen Kost.

Zivilisationskrankheiten
Ihre Ursache liegt oft in falscher Ernährung. Nicht zu unterschätzen ist aber auch das selbst erschaffene Umfeld, die eigenen Gedanken und Gefühle.

Zwischenmahlzeit
Eine kleine Mahlzeit am Vormittag und eine am Nachmittag sorgen dafür, dass der Körper mit neuer Energie versorgt wird. Am Vormittag sind frische Früchte ideale Energiespender, und am Nachmittag kann eine Banane oder Müslischnitte den Blutzuckerspiegel wieder erhöhen.

Wichtige Hinweise zum Rezeptteil

Einteilung der Gerichte

Damit Sie auf den ersten Blick erkennen, zu welcher der drei Gruppen ein jeweiliges Gericht zählt, haben wir die Rezeptnamen in verschiedenen Farben abgedruckt;

- Dreieck **K** Kohlenhydratgericht
- Kreis **N** neutrales Gericht
- Quadrat **E** Eiweißgericht

Portionsangaben

Die Rezepte ergeben 2 Portionen, sofern nicht im Rezeptkopf angegeben. Im Kapitel „Köstliche Ideen für besondere Anlässe" sind die Zutatenmengen in der Regel für 4 Personen berechnet.

Zubereitungszeit und Extrazeiten

Die Zubereitungszeit beinhaltet sowohl die Vorbereitungszeit als auch die Gar- bzw. Backzeit. Alle Extrazeiten (zum Beispiel Zeit zum Quellen, Gehen oder Kühlen) sind immer in einer besonderen Zeile angegeben und müssen zur Zubereitungszeit hinzugerechnet werden.

Kalorienangaben

Die Kalorienangaben (kcal) beziehen sich immer auf 1 Portion bzw. 1 Stück (zum Beispiel bei Kuchen und Gebäck).

Zutatenmengen

Die Zutatenmengen beziehen sich auf die ungeputzte Rohware. Bei Stückangaben (zum Beispiel 1 Apfel oder 1 Karotte) wird von einem Stück mittlerer Größe ausgegangen.

Esslöffel- und Teelöffelmengen

Bei diesen beiden Angaben sind immer gestrichene Maße gemeint.

Gerichte kombinieren

Wenn Sie verschiedene Gerichte zu einem Menü zusammenstellen möchten, beachten Sie bitte ihre jeweilige Gruppenzusammengehörigkeit. Kohlenhydratgerichte (rote Rezeptnamen) sind untereinander nach Belieben zu kombinieren. Eiweißgerichte (blaue Rezeptnamen) ebenso. Neutrale Gerichte (graue Rezeptnamen) können entweder zusammen mit Kohlenhydrat- oder mit Eiweißgerichten gegessen werden.

Rezepte variieren oder selbst kreieren

Möchten Sie Rezepte verändern oder eigene Kreationen entwickeln, beachten Sie bitte die Gruppenzugehörigkeit der zu verwendenden Lebensmittel. Ziehen Sie den Trennungsplan auf den Seiten 16 bis 19 zu Rate.

Abkürzungen

TL	=	Teelöffel
EL	=	Esslöffel
g	=	Gramm (1000 g = 1 kg)
kg	=	Kilogramm
ml	=	Milliliter (1000 ml = 1 l)
l	=	Liter
Msp.	=	Messerspitze
kcal	=	Kilokalorien
cm	=	Zentimeter
geh.	=	gehäufter
max.	=	maximal
mind.	=	mindestens
°C	=	Grad Celsius
TK-...	=	Tiefkühl-...
Fett i. Tr.	=	Fett in der Trockenmasse

Raffinierte Rezeptideen

Der anschließende Rezeptteil hält für Sie viele attraktive Rezeptvorschläge bereit, die das tägliche Essen für Sie zu einem Genuss machen und gleichzeitig Ihre Gesundheit und Ihr Wohlbefinden verbessern. Essen soll schmecken, aber Ihren Körper nicht unnötig belasten. Aus diesem Grund habe ich nachfolgend schmackhafte Gerichte zusammengestellt, die nicht nur gesund sind, sondern sich auch mit überall erhältlichen Zutaten einfach zubereiten lassen.

Neben Frühstücksideen und Zwischenmahlzeiten, Suppen und Eintöpfen, Salaten und kleinen Gerichten, Hauptgerichten, Desserts und Gebäck, Drinks und Cocktails sowie internationalen Gerichten finden Sie auf den Seiten 142 bis 171 auch ein großes Kapitel mit köstlichen Ideen für besondere Anlässe. Der Rezeptteil ermöglicht es Ihnen, die Trennkost im alltäglichen Leben, aber auch auf Partys oder bei festlichen Anlässen problemlos durchzuführen.

Auch Sie werden sehr schnell spüren, wie gut Ihnen die Trennkost bekommt. Ich wünsche Ihnen beim Entdecken und Ausprobieren der Rezepte viel Freude und viel Spaß beim Kochen!

Frühstücksideen und Zwischenmahlzeiten

Apfelmüsli mit Zitronenmelisse und Zimt

1. Den Apfel heiß abwaschen und trocken reiben. Ihn vierteln, das Kerngehäuse entfernen und das Fruchtfleisch fein würfeln.

2. Die Banane schälen, in $^1/_2$ cm dicke Scheiben schneiden und diese zusammen mit den Apfelwürfeln und der Zitronenschale mischen.

3. Die Haferflocken in 2 tiefe Teller geben. Den Zimt darauf verteilen. Die Fruchtstücke auf das Getreide legen. Den Joghurt und die Buttermilch in einer Schüssel verrühren und darauf gießen. Die Flocken kurz quellen lassen.

4. In der Zwischenzeit die Melisse waschen, trockentupfen und die Blätter von den Stielen zupfen. Danach in feine Streifen schneiden. Das Müsli mit dem Honig süßen und mit den Melissestreifen garnieren.

ZUTATEN

1 kleiner, mürber Apfel
1 Banane
1 TL abgeriebene Schale einer unbehandelten Zitrone
80 g Vollkornhaferflocken
1 gestr. TL Zimtpulver
125 g Joghurt (3,5% Fett)
100 g Buttermilch
2 Zweige Zitronenmelisse
2 EL flüssiger Honig

● **Für 2 Personen**
● **Zubereitungszeit:**
   ca. 10 Minuten
● **ca. 360 kcal je Portion**

Frischkornmüsli mit Apfel und Mandeln

1. Das Schrot in eine kleine Schüssel geben. Die Rosinen hinzufügen und 150 ml Wasser angießen, sodass alles gerade bedeckt ist. Das Ganze zugedeckt mindestens 6 bis 8 Stunden im Kühlschrank quellen lassen.

2. Den Apfel waschen, trockenreiben und vierteln. Den Stiel und das Kerngehäuse entfernen. Das Fruchtfleisch mit einer Reibe grob raspeln.

ZUTATEN

80 g grobes Weizenschrot
1 EL ungeschwefelte Rosinen
1 mürber, süßer Apfel
200 g Quark (20% Fett i. Tr.)
100 g Joghurt (3,5% Fett)
1 Prise Kardamompulver
2 EL Mandelstifte
2 EL Ahornsirup

● Für 2 Personen
● Zubereitungszeit:
  ca. 10 Minuten
● Quellzeit:
  6 – 8 Stunden
● ca. 450 kcal je Portion

3. Das Schrot und die Rosinen mit Quark, Apfel, Joghurt und Kardamom vermischen und auf 2 Müslischälchen verteilen. Die Mandelstifte und den Ahornsirup darüber geben.

Hafergrütze mit Dickmilch und Birnen

1. Die Trockenbirnen in eine kleine Schüssel geben und mit 100 ml Wasser übergießen. Zugedeckt im Kühlschrank 6 Stunden quellen lassen.

ZUTATEN

6 ungeschwefelte Trockenbirnenhälften
80 g Hafergrütze (im Reformhaus erhältlich)
1 Prise Meersalz
$1/2$ TL Zimtpulver
200 g Dickmilch
2 EL Ahornsirup

● Für 2 Personen
● Zubereitungszeit:
  ca. 20 Minuten
● Quellzeit:
  ca. 6 Stunden
● ca. 360 kcal je Portion

2. Die Hafergrütze in einen kleinen Topf geben, eine Prise Salz, den Zimt und 300 ml Wasser hinzufügen. Das Ganze einmal aufkochen und danach bei schwacher Hitze unter gelegentlichem Rühren etwa 10 Minuten ausquellen lassen.

3. In der Zwischenzeit die Birnen aus der Quellflüssigkeit nehmen und $^1/_2$ cm groß würfeln.

4. Die Grütze in 2 flache Schälchen geben. Die Fruchtwürfel darauf verteilen und die Dickmilch um das Ganze herumgießen. Alles mit dem Ahornsirup beträufeln.

Exotischer Porridge mit Banane

1. Die Haferflocken zusammen mit 300 ml Wasser, dem Salz und dem Ingwerpulver in einen Topf geben und einmal aufkochen. Anschließend etwa 5 Minuten bei schwacher Hitze quellen lassen.

2. In der Zwischenzeit die Sesamsamen ohne Fett in einer beschichteten Pfanne kurz anrös-

ten. Sie danach sofort auf einen Teller geben und auskühlen lassen.

3. Die Banane kurz vor dem Servieren schälen und in Scheiben schneiden.

4. Die gequollenen Haferflocken in 2 Müslischalen verteilen, die Dickmilch mit der Zitronenschale verrühren und daneben geben. Die Bananenscheiben auf dem Getreidebrei anrichten und mit dem Sesam bestreuen. Alles mit dem Honig süßen.

ZUTATEN

80 g zarte Haferflocken
1 Prise Salz
1 Msp. Ingwerpulver
1 EL Sesamsamen
150 g Dickmilch
1 TL abgeriebene Schale einer unbehandelten Zitrone
1 reife Banane
2 EL flüssiger Honig

- **Für 2 Personen**
- **Zubereitungszeit: ca. 10 Minuten**
- **ca. 310 kcal je Portion**

Honig-Quark-Toast ℛ

1. Den Quark in einer kleinen Schüssel mit einem Schneebesen cremig rühren. Das Brot toasten.

2. Zuerst 2 Toastbrote mit der Hälfte des Quarks bestreichen und den Honig darauf laufen lassen. Die Toasts jeweils mit $^1/_2$ Teelöffel Sesamsamen bestreuen und sofort verzehren.

3. Anschließend die beiden anderen Toastbrotscheiben genauso anrichten.

ZUTATEN

200 g Sahnequark (40% Fett i. Tr.)
4 Scheiben Vollkorntoastbrot
2 EL flüssiger Honig
1 EL Sesamsamen

● **Für 2 Personen**
● **Zubereitungszeit:**
   ca. 5 Minuten
● **ca. 360 kcal je Portion**

Buttermilchpfannkuchen mit frischen Feigen ℛ

1. Mehl, Salz, Eigelbe, Honig und Buttermilch in eine Schüssel geben und zu einem glatten Teig verquirlen. Diesen einige Minuten quellen lassen.

2. Die Feigen gut waschen und gegebenenfalls schälen. Das Fruchtfleisch in Spalten schneiden.

3. Den Teig je nach Konsistenz noch mit etwas Buttermilch oder Wasser verdünnen.

4. Die Hälfte der Butter in einer Pfanne erhitzen. Mit der Hälfte des Teiges darin einen goldgelben Pfannkuchen backen. Diesen kurz warm stellen und die restliche Butter in die Pfanne geben. Den zweiten Pfannkuchen genauso zubereiten und beide anschließend auf 2 Tellern anrichten.

5. Die Feigenspalten auf den Pfannkuchen verteilen und den Ahornsirup in dünnen Streifen darüber geben.

175 g Vollkornweizenmehl
1 Prise Meersalz
3 Eigelb
1 EL Honig
300 g Buttermilch
4 frische Feigen
1 EL Butter
2 El. Ahornsirup

● Für 2 Personen
● Zubereitungszeit:
ca. 30 Minuten
● ca. 610 kcal je Portion

Tomatenknäckebrot mit Bündner Fleisch und Schnittlauch

1. Den Staudensellerie waschen, putzen und in etwa 6 cm lange Stücke schneiden. Den Schnittlauch waschen, trockenschütteln und in feine Röllchen schneiden.

2. Die Tomaten waschen, die Stielansätze keilförmig herausschneiden und das Fruchtfleisch in etwa $1/2$ cm dicke Scheiben schneiden.

3. Die Knäckebrote dünn mit dem Frischkäse bestreichen. Die Tomatenscheiben überlappend darauf legen und salzen. Den Schnittlauch darüberstreuen.

4. Die Brote auf 2 Teller setzen und jeweils 4 Scheiben Bündner Fleisch daneben anrichten. Die Staudenselleriestücke dazulegen und alles sofort servieren, da das Knäckebrot sonst durchweicht.

4 Stangen Staudensellerie
$1/2$ Bund Schnittlauch
2 kleine Tomaten
4 Scheiben Roggenvollkornknäckebrot
2 EL Doppelrahmfrischkäse
etwas Kräutersalz
8 Scheiben Bündner Fleisch

● Für 2 Personen
● Zubereitungszeit:
ca. 10 Minuten
● ca. 390 kcal je Portion

Walnuss- und Rosinenbrötchen ⚊

1. Die Rosinen in eine Tasse geben, knapp mit lauwarmem Wasser bedecken und quellen lassen.

2. Das Weizen- und das Grünkernmehl in eine Schüssel geben und in die Mitte eine Mulde drücken. Die Sahne in einem Gefäß mit etwa 50 ml lauwarmem Wasser mischen.

3. Das Sahne-Wasser-Gemisch in die Mehlmulde gießen. Die Hefe zerbröckeln und zusammen mit dem Honig hinzufügen. Alles verrühren und zugedeckt etwa 20 Minuten gehen lassen.

4. Anschließend die Butter in Flöckchen auf das Mehl geben und diese nach und nach unter den Hefevorteig in der Mitte der Schüssel kneten und leicht salzen. Das Ganze zugedeckt nochmals etwa 20 Minuten an einem warmen Ort gehen lassen.

5. Die Walnüsse grob zerkleinern, die Rosinen in ein Sieb geben und abtropfen lassen. Den Teig halbieren, unter die eine Hälfte die

Rosinen, unter die andere Hälfte die Walnüsse kneten. Jeweils 3 Brötchen aus dem Teig formen und nochmals zugedeckt etwa 20 Minuten gehen lassen.

6. Den Ofen nach 10 Minuten der Zeit zum Gehen auf 175°C vorheizen. Das Eigelb mit 1 Teelöffel Wasser verrühren und nach dem Gehen auf die Oberseite der Brötchen streichen. Diese im Ofen 20 bis 30 Minuten backen.

ZUTATEN

2 EL ungeschwefelte Rosinen
175 g feines Weizenvollkornmehl
75 g feines Grünkernmehl
75 g Sahne
20 g frische Hefe
1 EL flüssiger Honig
1 Prise Meersalz
1 EL weiche Butter
10 geschälte Walnusshälften
1 kleines Eigelb

● **Für 6 Brötchen**
● **Zubereitungszeit:**
   ca. 1 Stunde
● **Zeit zum Gehen:**
   ca. 1 Stunde
● **ca. 270 kcal je Brötchen**

Gewürzfladen ✿

1. Das Mehl mit Salz, Backpulver, Butter, Joghurt und Buttermilch in einer Schüssel zu einem Teig verkneten. Er sollte eine geschmeidige, feste Konsistenz haben. Wenn er zu fest, etwas Wasser darunter arbeiten. Den Teig in 16 gleich große Stücke teilen und zu Kugeln formen.

2. Die Arbeitsfläche mit Mehl bestreuen und den Teig darauf so dünn wie möglich ausrollen.

3. Danach die Fladen nebeneinander auf ein mit Backpapier ausgelegtes Backblech legen und jedes Teigstück mit $^1/_2$ Esslöffel einer Gewürzsorte bestreuen.

4. Die Gewürze mit dem Nudelholz leicht in den Teig drücken und diesen zugedeckt etwa 1 Stunde ruhen lassen. Den Ofen auf 175°C vorheizen.

5. Die Teigstücke auf der mittleren Schiene in den Ofen schieben und in etwa 12 Minuten goldbraun backen.

6. Die Gewürzfladen noch warm zu einem kühlen Getränk (z.B. Buttermilch) servieren.

ZUTATEN

Für den Fladen:
240 g feines Dinkelvollkornmehl
1 Päckchen Weinsteinbackpulver
1 TL Meersalz
3 EL Butter
125 g Joghurt
75 g Buttermilch
etwas Mehl für die Arbeitsfläche

Außerdem:
2 EL schwarze Kümmel- oder Kreuzkümmelsamen
2 EL Sesamsamen
2 EL Anis- oder Fenchelsamen
2 EL Kümmel

Ergibt 16 Stücke
Zubereitungszeit: ca. 1 $^1/_2$ Stunden
Quellzeit: 1 Stunde
ca. 100 kcal je Stück

TIPP

Vollkorngebäck lässt sich leichter ausrollen, wenn der Teig zwischen Frischhaltefolie gelegt wird.

Vollkornbrötchen mit Olivenfrischkäse und Tomaten **K**

1. Die Oliven und die Tomaten hacken. Beides mit dem Frischkäse mischen und mit Salz und Cayennepfeffer würzen.

2. Die Salatblätter waschen und trockenschleudern. Die Sprossen in ein Sieb geben, abspülen und darin gut abtropfen lassen.

ZUTATEN

15 schwarze Oliven
(ohne Stein)
2 getrocknete Tomaten
(in Öl eingelegt)
75 g Doppelrahmfrischkäse
etwas Meersalz
1 Msp. Cayennepfeffer
2 kleine Salatblätter
2 EL Radieschensprossen
1 Tomate
2 Vollkornbrötchen

● **Für 2 Personen**
● **Zubereitungszeit:**
   ca. 15 Minuten
● **ca. 410 kcal je Portion**

3. Die Tomate waschen, den Stielansatz keilförmig herausschneiden. Das Fruchtfleisch in etwa $^1/_2$ cm dicke Scheiben schneiden.

4. Die Brötchen halbieren. Auf die beiden Unterseiten jeweils ein Salatblatt legen. Darauf die Tomatenscheiben und die Radieschensprossen verteilen. Die Brötchendeckel mit dem Frischkäse bestreichen und auf die belegten Unterseiten setzen.

Gefüllte Fleischtomaten **N**

1. Die Tomaten waschen, jeweils einen Deckel abschneiden und die Früchte aushöhlen. Die Kerne entfernen, das feste Fruchtfleisch in Würfel schneiden. Den Rettich schälen, der Länge nach vierteln und die Viertel in kleine Stücke schneiden oder grob hobeln. Den Frischkäse mit dem Joghurt verrühren.

2. Das Makrelenfilet enthäuten und in Würfel schneiden. Es mit Tomatenwürfeln, Erbsen, Rettich und Frischkäse mischen.

3. Diese Mischung in die Tomaten füllen und die Deckel darauf setzen.

ZUTATEN

2 Fleischtomaten
1 Stück Rettich (ca. **5 cm lang**)
1 EL Doppelrahmfrischkäse **mit Kräutern**
1 EL Joghurt (3,5% Fett)
$^1/_2$ geräuchertes Makrelenfilet
3 EL aufgetaute TK-Erbsen

● Für 1 Person
● Zubereitungszeit: ca. 15 Minuten
● ca. 280 kcal je Portion

TIPP

Wenn Sie zu den Tomaten Brot essen, gehört das Gericht in die Kohlenhydratgruppe.

Marinierter Schafskäse mit Tomaten ⓝ

1. Am Vorabend den Käse abtropfen lassen und in Würfel schneiden, mit dem Öl beträufeln und mit Thymian und Rosmarin mischen. Den Käse in einem verschließbaren Gefäß im Kühlschrank über Nacht durchziehen lassen.

2. Morgens die Tomaten waschen und quer zum Stielansatz in Scheiben schneiden. Die Oliven ebenfalls in Scheiben schneiden. Beides zusammen in ein verschließbares Gefäß füllen.

3. Kurz vor dem Verzehr die Tomatenscheiben mit den Oliven und den Schafskäsewürfeln anrichten.

ZUTATEN

60 g Schafskäse (in Lake eingelegt)
1 EL kaltgepresstes Olivenöl
$^1/_2$ TL gehackter Thymian
$^1/_2$ TL gehckter Rosmarin
2 große Tomaten
5 entsteinte grüne Oliven

● Für 1 Person
● Zubereitungszeit: ca. 10 Minuten
● Zeit zum Durchziehen: mind. 8 Stunden
● ca. 300 kcal je Portion

TIPP

Wenn Sie zu diesem neutralen Gericht Brot essen möchten, gehört es in die Kohlenhydratgruppe.

Champignon-Radieschen-Quark mit Kresse

ZUTATEN

300 g Quark (20% Fett i.Tr.)
4 EL Joghurt (3,5% Fett)
etwas Meersalz
¹/₄ TL Rosenpaprika
5 Champignons
8 Radieschen
1 Kästchen Kresse
200 g Cocktailtomaten

1. Den Quark mit dem Joghurt in eine Schüssel geben und glatt-rühren. Mit Meersalz und Rosen-paprika kräftig würzen.

● **Für 2 Personen**
● **Zubereitungszeit:**
ca. 15 Minuten
● **ca. 310 kcal je Portion**

2. Die Champignons trocken abreiben und putzen. Die Radies-chen waschen und putzen. Beides in dünne Scheiben schneiden und unter den angerührten Quark heben.

TIPPS

● **Sie können zu diesem Gericht Vollkornbrot essen, dann gehört es zur Kohlenhydrat-gruppe.**
● **Servieren Sie 1 gekochtes Ei dazu, dann gehört das Ganze zur Eiweißgruppe.**

3. Die Kresse kurz abspülen und mit einer Haushaltsschere oder einem Messer abschneiden. Den Quark auf 2 kleine Teller geben und die Kresse dekorativ daneben anrichten. Die Tomaten waschen, halbieren und neben der Kresse verteilen.

Obstsalat mit Ziegenfrischkäse und Walnüssen E

ZUTATEN

$^1/_2$ **Mango**
$^1/_2$ **Papaya**
1 Scheibe frische Ananas
4 Kumquats
4 Litschi
1 EL Frutilose
150 g Ziegenfrischkäse
(z.B. Chavroux)
8 geschälte Walnusshälften

● **Für 2 Personen**
● **Zubereitungszeit:**
   ca. 30 Minuten
● **ca. 420 kcal je Portion**

1. Mango, Papaya und Ananas schälen. Das Fruchtfleisch der Mango vom Stein abschneiden. Die Kerne der Papaya herausschaben. Den harten Strunk der Ananas aus der Mitte entfernen. Das Obst in 1,5 cm große Würfel schneiden.

2. Die Kumquats heiß abwaschen und mit einem Küchenhandtuch trockenreiben. Danach ungeschält in dünne Scheiben schneiden. Die Litschi schälen und die Steine herauslösen. Das Fruchtfleisch vierteln.

3. Das Obst in eine Schüssel geben und mit der Frutilose mischen. Anschließend auf 2 großen Tellern anrichten.

4. Den Ziegenkäse in 6 dünne Scheiben schneiden und diese fächerartig neben den Obstsalat legen. Die Walnusshälften halbieren und auf dem Käse verteilen.

Joghurt mit Nüssen, Birne und Kokosnuss **E**

1. Den Joghurt auf 2 Schälchen verteilen.

2. Die Birne waschen, halbieren und das Kerngehäuse herausschneiden. Das Fruchtfleisch 1,5 cm groß würfeln. Anschließend auf dem Joghurt verteilen.

3. Sesamsamen, Mandelblättchen und Kokosraspel in einer Pfanne ohne Fett kurz anrösten. Die Mischung noch warm auf die Birnenwürfel geben.

ZUTATEN

250 g Sahnejoghurt
1 große, reife Birne
1 TL Sesamsamen
1 EL Mandelblättchen
1 EL Kokosraspel

● Für 2 Personen
● Zubereitungszeit:
ca. 10 Minuten
● ca. 290 kcal je Portion

Erdbeeren mit Sahnedickmilch **E**

1. Die Erdbeeren waschen, putzen, klein schneiden und dann in ein Schälchen geben. Mit dem Ahornsirup beträufeln und etwas ziehen lassen.

2. Die Sahnedickmilch mit dem Schneebesen cremig schlagen und schließlich unter die Erdbeeren rühren.

ZUTATEN

200 g Erdbeeren
1 – 2 EL Ahornsirup
100 g Sahnedickmilch

● Für 1 Person
● Zubereitungszeit:
ca. 10 Minuten
● ca. 250 kcal je Portion

TIPP

Statt Erdbeeren können Sie auch andere Beeren verwenden. Wenn Sie Heidelbeeren nehmen, ist das Gericht neutral. Es eignet sich dann als Dessert nach allen Hauptgerichten.

Mandarinenquark mit Weihnachtsgewürzen und Mandeln **E**

1. Den Quark in eine Schüssel geben. Sollte er nicht cremig genug sein, mit etwas Mineralwasser glatt rühren. Danach die Gewürze und den Honig hinzufügen und alles gründlich verquirlen.

2. Die Mandarinen bzw. die Orange schälen, die weiße Schicht dabei vollständig entfernen. Die Fruchtstücke grob zerkleinern und unter den Quark mischen.

3. Den Mandarinenquark in 2 Schälchen geben und die Kokosraspel sowie die Mandelblättchen darauf streuen.

ZUTATEN

350 g Quark (20% Fett i.Tr.)
$^1/_2$ TL Zimtpulver
1 Prise Nelkenpulver
1 Prise Ingwerpulver
1 Msp. Kardamompulver
2 EL flüssiger Honig
2 – 3 Mandarinen oder
1 Orange
2 EL Kokosraspel
2 EL Mandelblättchen

● Für 2 Personen
● Zubereitungszeit:
ca. 15 Minuten
● ca. 430 kcal je Portion

Kefir-Beeren-Speise E

1. Die Beeren verlesen, putzen, waschen, gut abtropfen lassen und in 2 Dessertschüsselchen geben. Die Erdbeeren zuvor halbieren oder vierteln.

2. Den Kefir mit der Frutilose süßen. Über die Beeren gießen.

3. Die Kefirspeise mit den Sonnenblumenkernen, den gehackten Mandeln sowie mit der Melisse bestreuen.

ZUTATEN

**250 g frische Erdbeeren
je 125 g frische Himbeeren
und rote Johannisbeeren
300 g Kefir (3,5% Fett)
3 EL Frutilose (Obstdicksaft
aus dem Reformhaus)
3 EL Sonnenblumenkerne
2 EL gehackte Mandeln
1 EL frisch gehackte Zitronenmelisse**

● **Für 2 Personen**
● **Zubereitungszeit:
ca. 20 Minuten**
● **ca. 460 kcal je Portion**

TIPPS

● **Nehmen Sie statt Kefir mal die gleiche Menge Vollmilchjoghurt, Sahnedickmilch oder eine Buttermilch mit Butterflocken (maximal 1% Fett).**

● **Je nach Saison bietet sich auch anderes Beerenobst, wie z.b. Stachelbeeren, Brombeeren oder Heidelbeeren, an.**

Grapefruitmüsli mit Joghurt E

1. Die Mandeln kurz in einer beschichteten Pfanne ohne Fettzugabe anrösten und abkühlen lassen.

2. Inzwischen die Grapefruit schälen, in Spalten teilen und diese gegebenenfalls von zu starken Trennhäuten sorgfältig befreien. Die Grapefruitfilets in eine kleine Schüssel geben.

3. Den Joghurt mit der Frutilose cremig verrühren und alles über die Grapefruitfilets geben. Das Müsli mit gerösteten Mandeln bestreut servieren.

ZUTATEN

2 EL gehackte Mandeln
1 Grapefruit
150 g Joghurt (3,5% Fett)
1 EL Frutilose (Obstdicksaft
aus dem Reformhaus)

● Für 1 Person
● Zubereitungszeit:
   ca. 10 Minuten
● ca. 340 kcal je Portion

TIPP

Statt Grapefruit können Sie
auch andere Zitrusfrüchte und
jede Frucht aus der Eiweißgruppe verwenden.

Apfelquark mit gerösteten Mandeln E

1. Die Mandelblättchen ohne
Fettzugabe in einer beschichteten
Pfanne goldgelb rösten. Dann
beiseite stellen.

2. Den Apfel waschen und auf der
Rohkostreibe soweit reiben, dass
nur noch das Kerngehäuse übrig
bleibt. Sofort mit dem Zitronensaft beträufeln.

3. Den Quark mit dem Mineralwasser cremig rühren und mit der
Frutilose süßen. Mit dem geriebenen Apfel mischen und mit den
Mandelblättchen bestreuen.

ZUTATEN

3 EL Mandelblättchen
1 großer säuerlicher Apfel
2 EL Zitronensaft
125 g Quark (20% Fett i.Tr.)
40 ml Mineralwasser
1 – 2 EL Frutilose (Obstdicksaft aus dem Reformhaus) oder
Ahornsirup

● Für 1 Person
   Zubereitungszeit:
● ca. 15 Minuten
● ca. 410 kcal je Portion

TIPP

Der Quark schmeckt auch gut
mit einer geriebenen Birne.

Suppen und Eintöpfe

Kartoffel-Kresse-Suppe mit geräuchertem Lachs ĸ

1. Die Kartoffeln waschen, schälen und in etwa 2 cm große Stücke schneiden. Mit der Gemüsebrühe in einen Topf geben und aufkochen.

2. Die Kartoffeln etwa 20 Minuten in der Flüssigkeit garen. In der Zwischenzeit die Kresse kurz abspülen und mit einer Schere oder einem Messer abschneiden. Etwa 1 Esslöffel davon beiseite legen. Den Rest nach dem Garen der Kartoffeln in die Brühe geben.

3. Den Lachs in dünne Streifen schneiden. Die Suppe im Mixer oder mit dem Schneidstab pürieren. Von der sauren Sahne 1 Esslöffel beiseite stellen, den Rest in einer kleinen Schüssel mit etwas heißer Suppe verrühren.

4. Diese Mischung anschließend mit einem Schneebesen in die restliche Flüssigkeit einrühren. Alles mit Salz, Cayennepfeffer und Muskat abschmecken.

5. Die Suppe in 2 tiefe Teller geben und mit saurer Sahne und Kresse garnieren. Die Lachsstreifen darauf verteilen.

ZUTATEN

250 g Kartoffeln
$^{1}/_{2}$ l vegetarische Gemüsebrühe
(aus Instantpulver)
1 Kästchen Kresse
3 – 4 Scheiben Räucherlachs
60 g saure Sahne
etwas Meersalz
1 Msp. Cayennepfeffer
1 Msp. geriebene Muskatnuss

● **Für 2 Personen**
● **Zubereitungszeit:
ca. 35 Minuten**
● **ca. 290 kcal je Portion**

Gurken-Joghurt-Kaltschale mit Dill und Vollkornbrot

1. Die Gurke schälen. Ein Stück (etwa 5 cm groß) abschneiden und beiseite legen. Den Rest der Gurke grob würfeln.

2. Das Fruchtfleisch mit dem Joghurt und der Buttermilch in einen Topf geben und mit dem Schneidstab pürieren. Anschließend mit Meersalz und Cayennepfeffer kräftig abschmecken.

3. Die Knoblauchzehe schälen und in die Gurken-Joghurt-Kaltschale pressen. Das beiseite gelegte Gurkenstück $^1/_2$ cm groß würfeln. Den Dill waschen und trockentupfen. Die Stiele entfernen und die Blätter sehr fein schneiden. Beides in die Suppe geben und diese durchrühren.

4. Die Brote mit der Butter bestreichen. Die Kaltschale in 2 tiefe Teller geben und mit den Gurkenwürfeln garnieren. Die gebutterten Sonnenblumenbrote dazu servieren.

ZUTATEN

1 kleine Gurke
200 g Joghurt (3,5% Fett)
100 g Buttermilch
etwas Meersalz
1 Msp. Cayennepfeffer
1 Knoblauchzehe
4 Borretschblätter
1 Bund Dill
2 Scheiben Sonnenblumenvollkornbrot
1 EL Butter

● **Für 2 Personen**
● **Zubereitungszeit: ca. 30 Minuten**
● **ca. 240 kcal je Portion**

TIPP

Im Sommer können Sie die Gurken-Joghurt-Kaltschale mit Borretschblüten garnieren.

Lauchsuppe mit Kartoffeln ⚠

1. Den Lauch putzen, waschen, die Stangen der Länge nach halbieren und in feine Scheiben schneiden.

2. Anschließend die Kartoffeln waschen, schälen und in kleine Würfel schneiden.

3. Die Zwiebel schälen, würfeln, in dem Fett glasig dünsten, mit Wasser auffüllen und mit der Gemüsebrühe würzen.

ZUTATEN

400 g Lauch
200 g Kartoffeln
1 Zwiebel
1 TL ungehärtetes Pflanzenfett
1 $^1/_2$ l Wasser
1 TL Gemüsebrühe (aus Instantpulver)
1 Lorbeerblatt
60 g saure Sahne
1 Eigelb
1 Msp. geriebene Muskatnuss
2 EL gehackte Kräuter (Petersilie, Thymian)

● Für 2 Personen
● Zubereitungszeit: ca. 1 Stunde
● ca. 250 kcal je Portion

4. Den Lauch, die Kartoffeln und das Lorbeerblatt hinzufügen und bei milder Hitze zugedeckt 20 bis 25 Minuten garen.

5. Die saure Sahne mit dem Eigelb verquirlen und unter die Suppe rühren. Mit der frisch geriebenen Muskatnuss abschmecken, das Lorbeerblatt entfernen und mit den gehackten Kräutern bestreut servieren.

Leichte Reissuppe ⚠

1. Die Zwiebel schälen, würfeln und in der Butter glasig dünsten.

2. Die Gemüsebrühe dazugießen. Den gekochten Reis hineingeben und in der Brühe erwärmen.

3. Eigelb in einer kleinen Schüssel kräftig verschlagen. Etwas von der heißen Brühe darunter rühren.

4. Die Reissuppe vom Herd nehmen und das verschlagene Eigelb unter ständigem Rühren hineingeben. Die Suppe noch etwas ziehen, aber nicht mehr kochen lassen, damit das Eigelb nicht gerinnt. Zuletzt mit der gehackten Petersilie bestreuen.

1 kleine Zwiebel
1 EL Butter
$^1/_2$ l Gemüsebrühe (aus
Instantpulver)
100 g gekochter Naturreis
(ca. 30 g Rohgewicht)
1 Eigelb
2 EL fein gehackte Petersilie

● Für 2 Personen
● Zubereitungszeit:
  ca. 15 Minuten
● ca. 180 kcal je Portion

TIPP

**Wenn Sie keinen gekochten
Reis zur Hand haben, verwenden Sie 5 Esslöffel Haferflocken.**

Würziger Graupeneintopf

1. Die gewaschenen Graupen in kochendes, leicht gesalzenes Wasser geben und bei geringer Hitzezufuhr etwa 30 Minuten garen lassen.

2. In der Zwischenzeit das Suppengrün putzen, waschen und in kleine Würfel schneiden.

3. Die Butter in einem Topf schmelzen lassen und die Gemüsewürfel darin bei geringer Hitzezufuhr andünsten. Die Gemüsebrühe dazugießen und das Ganze etwa 15 Minuten leicht köcheln lassen.

4. Wenn die Graupen fertig gegart sind, diese abgießen und in die Suppe geben. Alles mit Kräutersalz, Cayennepfeffer und Muskatnuss würzen und mit Petersilie bestreuen.

ZUTATEN

3 EL Graupen
etwas Meersalz
1 großes Bund Suppengrün
1 EL Butter
400 ml Gemüsebrühe (aus
Instantpulver)
$^1/_2$ TL Kräutersalz
1 Msp. Cayennepfeffer
1 Msp. geriebene Muskatnuss
1 EL gehackte Petersilie

● Für 2 Personen
● Zubereitungszeit:
  ca. 30 Minuten
● ca. 160 kcal je Portion

Bunte Gemüsesuppe

1. Die Möhren waschen, putzen, schälen, in dünne Scheiben schneiden. Lauch putzen, waschen, in feine Ringe schneiden.

2. Die Kartoffeln schälen, waschen und fein würfeln. Die Paprikaschote waschen, trockenreiben, halbieren, entkernen und ebenfalls fein würfeln.

3. Den Zucchino putzen, waschen, trockenreiben, der Länge nach vierteln und quer in Scheiben schneiden.

4. Die Butter in einem Topf erwärmen und die Möhren bei milder Hitze darin einige Minuten anbraten. Das vorbereitete Gemüse dazugeben und unter Rühren langsam die Brühe hinzugießen.

5. Nach Belieben den Knoblauch dazugeben und alles einmal aufkochen lassen. Den Topf schließen und das Ganze bei geringer Hitze etwa 20 Minuten garen. Die fertige Suppe mit Salz und Cayennepfeffer abschmecken. Mit Petersilie bestreut servieren.

ZUTATEN

3 Möhren
1 mittelgroße Stange Lauch
300 g Kartoffeln
1 rote Paprikaschote
150 g Zucchini
1 EL Butter
$1/2$ l Gemüsebrühe (aus Instantpulver)
2 – 3 geschälte Knoblauchzehen
etwas Kräutersalz
1 Msp. Cayennepfeffer
3 EL gehackte glatte Petersilie

● **Für 2 Personen**
● **Zubereitungszeit: ca. 15 Minuten**
● **ca. 260 kcal je Portion**

Dinkel-Lauch-Suppe

1. Den Dinkel mit Wasser bedecken und etwa 8 Stunden (oder über Nacht) quellen lassen.

2. Am nächsten Tag den Dinkel im Einweichwasser bei geringer Hitze im geschlossenen Topf etwa 25 Minuten kochen.

3. In der Zwischenzeit den Lauch putzen, der Länge nach halbieren, gründlich waschen und in schmale Streifen schneiden.

4. Die Butter in einem Topf zerlassen und das Gemüse darin andünsten. Mit dem Mehl bestäuben und unter Rühren ³/₄ Liter Wasser angießen.

5. Den Lauch mit der Gemüsebrühe und dem Kümmelpulver würzen und dann die Suppe zugedeckt 12 bis 15 Minuten leicht köcheln lassen.

6. Anschließend die gegarten Dinkelkörner in die Suppe geben.

Zum Schluss die saure Sahne zusammen mit dem Curry verrühren und unter die heiße, nicht mehr kochende Suppe ziehen. Mit der Petersilie bestreuen.

ZUTATEN

100 g Dinkelkörner
4 große Stangen Lauch
(geputzt ca. 800 g)
40 g Butter
2 EL fein gemahlenes Dinkelvollkornmehl
1 ¹/₂ EL Gemüsebrühe
(aus Instantpulver)
1 TL Kümmelpulver
40 g saure Sahne
1 – 2 TL Currypulver
3 EL gehackte Petersilie

- **Für 4 Personen**
- **Zubereitungszeit:**
  ca. 45 Minuten
- **Quellzeit:**
  ca. 8 Stunden
- **ca. 120 kcal je Portion**

Brokkoli-Möhren-Suppe ⚶

1. Die Brokkoli waschen, putzen und die Röschen abschneiden. Die Stiele schälen und in Scheiben schneiden. Die Möhre waschen, putzen, schaben und in kleine Würfel schneiden. Die Zwiebel schälen und würfeln.

2. Die Gemüsebrühe erhitzen. Das Öl in einem Topf erhitzen und die Zwiebelwürfel darin goldgelb andünsten. Sie mit dem Grünkernschrot bestreuen und dieses kurz mitdünsten. Die heiße Brühe unter Rühren dazugießen und alles einmal aufkochen lassen.

3. Die Brokkolistiele, die Hälfte der Röschen und die Möhren hinzufügen und alles zugedeckt bei kleiner Hitze etwa 10 Minuten köcheln, bis das Gemüse weich ist.

4. Das Gemüse in der Brühe mit dem Schneidstab pürieren. Die Sahne und die restlichen Brokkoliröschen hinzufügen. Die Suppe mit Kräutersalz, Cayennepfeffer und Muskat würzen und noch etwa 5 Minuten köcheln. Mit der Petersilie bestreuen.

ZUTATEN

400 g Brokkoli
1 Möhre
1 Zwiebel
$1/2$ l Gemüsebrühe (aus Instantpulver)
1 EL kaltgepresstes Olivenöl
1 EL Grünkernschrot
60 g süße Sahne
etwas Kräutersalz
$1/2$ TL Cayennepfeffer
$1/2$ TL geriebene Muskatnuss
2 EL gehackte Petersilie

● Für 2 Personen
● Zubereitungszeit: ca. 30 Minuten
● ca. 140 kcal je Portion

Kalte Rote-Bete-Suppe mit Knoblauchcrostini ⚶

1. Die Kartoffel und die roten Beten gründlich waschen und in einen Topf geben. Sie zu $2/3$ mit leicht gesalzenem Wasser bedecken, alles einmal aufkochen und danach im geschlossenen Topf etwa 25 Minuten köcheln lassen.

2. Die Kartoffel und das Gemüse abschütten und kurz ausdämpfen lassen. Die Haut der roten Beten unter fließendem Wasser mit den Händen abdrücken. Die Kartoffel pellen. Beides grob würfeln und 2 Esslöffel davon beiseite stellen.

3. Die Gemüsebrühe zusammen mit Bier, Zitronenschale und Frutilose in einen Topf oder eine hohe Schüssel geben. Die Kartoffel- und die Rote-Bete-Stücke darin mit dem Schneidstab pürieren.

4. Die Suppe mit Salz und Piment würzen und kurz kühl stellen.

5. In der Zwischenzeit den Ofen oder den Grill vorheizen. Das Brot in schräge, etwa 3 cm dicke Scheiben schneiden und im Ofen oder Grill toasten
.
6. Die Knoblauchzehe schälen. Die getoasteten Brote damit abreiben. Die beiseite gelegten Kartoffel- und Rote-Bete-Stücke in 2 tiefen Tellern verteilen, die Suppe darauf geben und mit der Sahne verfeinern. Mit den Crostini servieren.

ZUTATEN

1 Kartoffel (ca. 100 g)
2 rote Beten (ca. 150 g)
etwas Meersalz
150 ml kalte vegetarische Gemüsebrühe
(aus Instantpulver)
150 ml kaltes Pils
1 TL abgeriebene Schale einer unbehandelten Zitrone
$^1/_2$ TL Frutilose
1 Msp. Pimentpulver
$^1/_2$ Vollkornbaguette
1 Knoblauchzehe
1 Zweig Dill
2 EL saure Sahne

● Für 2 Personen
● Zubereitungszeit:
  ca. 45 Minuten
● ca. 370 kcal je Portion

TIPP

Sie können in diese Suppe zusätzlich einen in dünne Streifen geschnittenen Matjeshering geben. Er passt gut zu den Kartoffeln und den roten Beten und gehört zur neutralen Gruppe.

Süß-saure Kürbis-Suppe mit Koriander und Crème fraîche N

1. Den Kürbis schälen, entkernen und in etwa 2 cm große Stücke schneiden. Das Öl in einem Topf erhitzen und die Kürbisstücke darin anschwitzen. Nach etwa 2 Minuten den Honig dazugeben und alles mit der Brühe ablöschen.

2. Das Ganze einmal aufkochen und das Gemüse anschließend etwa 15 Minuten zugedeckt in der Flüssigkeit garen. Den Koriander waschen, trockentupfen und die Blätter von den Stielen abzupfen.

3. Von der Crème fraîche 1 Esslöffel abnehmen, beiseite stellen und den Rest in einer Schüssel mit dem Molkosan verrühren. Den Kürbis mit dem Schneidstab in der Brühe pürieren, 5 Esslöffel davon zu der angerührten Crème fraîche geben und alles verrühren.

4. Dieses anschließend in die Suppe einrühren und mit Meersalz, Muskatnuss und Piment pikant abschmecken.

5. Die Kürbissuppe in 2 tiefe Teller geben und jeweils mit 1 Teelöffel Crème fraîche verfeinern. Zuletzt die Kürbiskerne darauf streuen.

ZUTATEN

250 g frischer Kürbis
1 EL Kürbiskernöl
1$^1/_2$ EL flüssiger Honig
300 ml Gemüsebrühe (aus Instantpulver)
3 Zweige Koriandergrün
3 EL Crème fraîche
2 EL Molkosan
etwas Meersalz
etwas frisch geriebene Muskatnuss
2 Msp. Pimentpulver
2 EL geschälte Kürbiskerne

- **Für 2 Personen**
- **Zubereitungszeit: ca. 25 Minuten**
- **ca. 310 kcal je Portion**

Kalte Tomaten-Gemüse-Suppe

1. Die Tomaten waschen und die Stielansätze keilförmig herausschneiden. Die Haut über Kreuz einritzen und die Tomaten für etwa 10 Sekunden in kochendes Wasser geben. Danach herausnehmen, kalt abschrecken und enthäuten.

2. Das Fruchtfleisch etwa 1 cm groß würfeln. $^2/_3$ davon zusammen mit der Brühe im Mixer oder mit dem Schneidstab pürieren. Die Flüssigkeit in eine Schüssel oder einen Topf geben.

3. Die Gurke und die Paprikaschoten waschen. Die Kerne der Paprikaschoten entfernen und das Fruchtfleisch zusammen mit der Gurke fein würfeln. Beides zu den Tomaten und der Brühe geben.

4. Die Schalotte und den Knoblauch schälen. Den Knoblauch zu dem Gemüse pressen. Die Schalotte in sehr feine Würfel schneiden und diese ebenfalls in die Suppe geben.

5. Die Kräuter waschen, trockentupfen und die Basilikumblätter abzupfen. Einige zur Seite legen und den Rest zusammen mit dem Schnittlauch sehr fein schneiden.

6. Das Gazpacho mit den Kräutern, Chiliöl sowie Meersalz kräftig würzen. In 2 tiefe Teller geben und mit den Basilikumblättern garnieren.

ZUTATEN

300 g reife Tomaten
100 ml vegetarische Gemüsebrühe (aus Instantpulver)
1 Stück Salatgurke (ca. 10 cm)
$^1/_2$ rote Paprikaschote
$^1/_2$ grüne Paprikaschote
$^1/_2$ gelbe Paprikaschote
1 Schalotte
1 Knoblauchzehe
$^1/_2$ Bund Schnittlauch
2 Zweige Basilikum
1 EL Chiliöl
etwas Meersalz

● **Für 2 Personen**
● **Zubereitungszeit:**
   ca. 35 Minuten
● **ca. 120 kcal je Portion**

Spinatcremesuppe mit Schafskäse und Rosmarin Ⓝ

1. Den Spinat sorgfältig putzen und waschen.

2. Die Zwiebel und die Knoblauchzehe schälen und fein hacken. Das Öl in einem Topf erhitzen und beides darin 2 Minuten anschwitzen. Danach die Sahne und die Brühe angießen.

3. Den Spinat auf einem Brett grob hacken und zu den restlichen Zutaten in den Topf geben. Alles einmal aufkochen und anschließend mit dem Schneidstab pürieren.

4. Die Suppe mit Kräutersalz und Muskat würzen. Den Rosmarin waschen und trockentupfen. Die Blätter vom Stiel zupfen, fein hacken und in die Spinatcremesuppe geben.

5. Den Schafskäse fein zerbröseln. Die Suppe in 2 tiefe Teller geben und den Käse darauf verteilen.

ZUTATEN

300 g frischer Spinat
1 Zwiebel
1 Knoblauchzehe
1 EL kaltgepresstes Olivenöl
50 g Sahne
350 ml vegetarische Gemüsebrühe (aus Instantpulver)
etwas Kräutersalz
1 Prise frisch geriebene Muskatnuss
1 kleiner Zweig Rosmarin
100 g Schafskäse

● Für 2 Personen
● Zubereitungszeit:
  ca. 30 Minuten
● ca. 310 kcal je Portion

TIPP

Wenn Sie keinen frischen Spinat bekommen, können Sie diese Suppe auch mit tiefgekühltem Blattspinat zubereiten. Berücksichtigen Sie dann eine Auftauzeit von etwa 3 Stunden.

Kohlrabisuppe mit Lachs

1. Die Kohlrabi waschen, schälen und vierteln. Ein Kohlrabiviertel beiseite legen, die übrigen in Würfel schneiden. Die Zwiebel schälen und würfeln. Den Knoblauch schälen und durchpressen.

2. Das Öl in einer Pfanne erhitzen. Die Zwiebel und den Knoblauch darin glasig andünsten. Dann die Kohlrabiwürfel hinzufügen und mit andünsten. Die Brühe dazugießen, das Gemüse aufkochen und zugedeckt 15 Minuten köcheln lassen.

3. Inzwischen das zurückbehaltene Kohlrabiviertel grob raspeln. Die Suppe mit dem Schneidstab pürieren. Die Sahne, die Petersilie und den Dill hinzufügen und die Suppe mit Kräutersalz und Muskatnuss abschmecken.

4. Den Lachs in kleine Quadrate schneiden und auf zwei Teller verteilen. Die Suppe darüber geben und mit den Kohlrabiraspeln und dem Schnittlauch bestreuen.

ZUTATEN

2 Kohlrabi
1 Zwiebel
1 Knoblauchzehe
1 EL Olivenöl
$^1/_2$ l Gemüsebrühe (aus Instantpulver)
60 g süße Sahne
2 EL gehackte Petersilie
1 EL geschnittener Dill
etwas Kräutersalz
1 Msp. geriebene Muskatnuss
2 Scheiben Räucherlachs
1 EL Schnittlauchröllchen

● **Für 2 Personen**
● **Zubereitungszeit: ca. 30 Minuten**
● **ca. 320 kcal je Portion**

Klare Gemüsesuppe

1. Das Suppengrün putzen, waschen und klein würfeln.

2. Das Öl in einem Topf nicht zu stark erhitzen und die Gemüse-würfel darin unter Rühren einige Minuten schmoren lassen.

ZUTATEN

**1 Bund Suppengrün
1 EL kaltgepresstes Sonnen-blumenöl
$^1/_2$ l Gemüsebrühe (aus
Instantpulver)
2 EL fein gehackte glatte
Petersilie**

● **Für 2 Personen**
● **Zubereitungszeit:
ca. 25 Minuten**
● **ca. 110 kcal je Portion**

TIPP

**Sie können auch andere
Gemüsesorten (z.B. Brokkoli,
Blumenkohl oder Erbsen) in
der Brühe garen. Beachten Sie,
dass einige Gemüse (z.B. Kartoffeln und Schwarzwurzeln)
zur Kohlenhydratgruppe
zählen.**

3. Das Ganze mit der Gemüse-brühe auffüllen, die Suppe etwa 15 Minuten köcheln lassen. Mit der Petersilie bestreuen.

Brokkolicremesuppe

1. Die Brokkoli putzen, waschen und dann in kleine Röschen zer-teilen. Die Stiele abschneiden, schälen und in Stücke schneiden.

2. Das Gemüse in einen Topf geben und die Gemüsebrühe angießen. Alles bei nicht zu star-ker Hitze 15 bis 18 Minuten köcheln lassen.

3. Anschließend die Suppe mit dem Schneidstab fein pürieren und mit der Sahne verfeinern.

ZUTATEN

**450 g Brokkoli
$^3/_4$ l Gemüsebrühe (aus
Instantpulver)
50 g süße Sahne**

● **Für 2 Personen**
● **Zubereitungszeit:
ca. 25 Minuten**
● **ca. 80 kcal je Portion**

TIPP

Nach diesem Rezept können Sie auch andere Gemüsecremesuppen zubereiten, z.b. aus Blumenkohl oder Möhren. Aus der Cremesuppe wird eine Kohlenhydrathauptmahlzeit, wenn Sie ein Vollkornbrötchen dazu essen.

Pfifferlingcremesuppe mit Kalbfleischstreifen E

1. Die Pfifferlinge putzen. Die Zwiebel schälen und fein würfeln. Das Fleisch in $^1/_2$ cm dünne, 4 cm lange Streifen schneiden.

2. Das Öl in einem Topf erhitzen. Das Kalbfleisch darin von allen Seiten kräftig anbraten. Wenn es gleichmäßig gebräunt ist, herausnehmen und auf einen Teller geben. Die Zwiebelwürfel mit den Pilzen in den Topf geben und im darin verbliebenen Fett anschwitzen.

3. Nach etwa 10 Minuten 2 Esslöffel von den Pfifferlingen

aus dem Topf nehmen und zu den Fleischstreifen geben. Den Rest mit Sahne und Brühe ablöschen, alles einmal aufkochen und danach mit dem Schneidstab im Topf pürieren.

4. Die Suppe mit Kräutersalz würzen, noch einmal aufkochen und zugedeckt warmhalten. Den Kerbel waschen, trockentupfen und die Blätter von den Stielen abzupfen.

5. Die beiseite gestellten Fleisch- und Pilzstücke in 2 vorgewärmte Teller verteilen und die Suppe darauf geben. Das Ganze mit dem Kerbel garnieren.

ZUTATEN

250 g frische Pfifferlinge (ersatzweise Champignons)
1 kleine Zwiebel
1 Kalbsschnitzel (à 150 g)
2 EL Sonnenblumenöl
80 g Sahne
350 ml vegetarische Gemüsebrühe (aus Instantpulver)
etwas Kräutersalz
3 Zweige Kerbel

● Für 2 Personen
● Zubereitungszeit: ca. 45 Minuten
● ca. 380 kcal je Portion

Karotten-Roquefort-Suppe mit Kumquats E

1. Die Karotten waschen, schälen und in dünne Scheiben schneiden. Das Öl in einem Topf erhitzen und das Gemüse darin anbraten. Den Honig nach 2 Minuten dazugeben und die Karottenscheiben unter ständigem Rühren etwa 2 Minuten glasieren.

2. Das Gemüse mit der Brühe ablöschen und alles einmal aufkochen. Das Ganze danach etwa 15 Minuten bei schwacher Hitze köcheln lassen.

3. In der Zwischenzeit den Käse in einer kleinen Schüssel mit der Gabel zerdrücken. Die Crème fraîche dazugeben und alles zu einer glatten Masse verrühren.

4. Die Kumquats heiß waschen, mit einem Küchenhandtuch trockenreiben und ungeschält in dünne Scheiben schneiden. Diese beiseite stellen. Den Kerbel waschen, die Blätter von den Stielen zupfen und ebenfalls zur Seite stellen.

5. Die Suppe im Topf mit einem Schneidstab pürieren. Die Käse-Sahne-Mischung mit 4 Esslöffeln heißer Suppe verrühren und anschließend zum Karottenpüree geben. Das Ganze mit Cayennepfeffer würzen und eventuell noch etwas salzen.

6. Die Suppe in 2 tiefe Teller geben und mit den Kumquatscheiben und dem Kerbel garnieren.

ZUTATEN

250 g Karotten
1 EL Nussöl
1 TL flüssiger Honig
300 ml vegetarische Gemüsebrühe (aus Instantpulver)
60 g Roquefort
3 EL Crème fraîche
5 Kumquats (Zwergorangen)
3 Zweige Kerbel
etwas Cayennepfeffer
etwas Meersalz

● Für 2 Personen
● Zubereitungszeit:
  ca. 35 Minuten
● ca. 320 kcal je Portion

Bouillabaisse E

1. Die Zwiebel schälen und in sehr feine Streifen schneiden. Die Tomate über Kreuz einritzen und für etwa 10 Sekunden in kochendes Wasser geben. Sie danach abschrecken und enthäuten. Den Stielansatz keilförmig herausschneiden. Nun das Fruchtfleisch vierteln, entkernen und etwa 1 cm groß würfeln.

2. Den Fenchel waschen und putzen. Anschließend in sehr feine Streifen schneiden. Den Fisch waschen, trockentupfen und die Filets in etwa 3 cm große Stücke schneiden.

3. Die Brühe in einen Topf geben, den Safran hinzufügen und alles erhitzen. Die Zwiebel- und die Fenchelstreifen hineingeben, einmal darin aufkochen und danach etwa 3 Minuten zugedeckt köcheln lassen.

4. Die Fischstücke in den Fond geben und das Ganze einmal aufkochen. Die Suppe noch etwa 5 Minuten zugedeckt bei schwacher Hitze köcheln lassen. Mit Salz und Cayennepfeffer abschmecken und danach sofort servieren.

ZUTATEN

1 kleine Zwiebel oder Schalotte
1 feste Fleischtomate
1 kleine Fenchelknolle
(ca. 150 g)
300 g gemischtes Fischfilet
(am besten Mittelmeerfische wie Seewolf, Seeteufel, Dorade etc.)
500 ml vegetarische Gemüsebrühe (aus Instantpulver)
1 Döschen (0,2 g) Safranpulver
etwas Kräutersalz
1 Msp. Cayennepfeffer

● Für 2 Personen
● Zubereitungszeit: ca. 1 Stunde
● ca. 230 kcal je Portion

Hähnchen-Kokos-Suppe mit Mango und Koriander **E**

1. Den Knoblauch und die Zwiebel schälen und sehr fein würfeln. Die Chilischote waschen, der Länge nach aufschlitzen und die Kerne herausschaben. Das Fruchtfleisch in feine Streifen schneiden.

2. Die Mango schälen, das Fruchtfleisch vom Stein abschneiden und in dünne Streifen schneiden. Die Frühlingszwiebeln waschen, putzen und in 3 cm große Stücke schneiden.

3. Das Hähnchenfleisch waschen, trockentupfen und etwa 2 cm groß würfeln. Das Öl in einem Topf erhitzen und die Fleischstücke darin von allen Seiten anbraten.

4. Die Knoblauch-, Chili- und Zwiebelstücke zu dem Hähnchenfleisch geben und kurz anbraten. Anschließend die Mangostreifen hinzufügen und die Gemüsebrühe angießen. Die Kokosmilch darunter rühren und alles einmal aufkochen.

5. Die Suppe mit Kräutersalz und Currypulver würzen und im geschlossenen Topf noch etwa 5 Minuten köcheln lassen. In der Zwischenzeit den Koriander waschen, trockentupfen und die Blätter von den Stielen zupfen. Die Suppe mit den Blättern garnieren.

ZUTATEN

1 Knoblauchzehe
$^1/_2$ Zwiebel
$^1/_2$ rote Chilischote
$^1/_2$ Mango
2 Frühlingszwiebeln
200 g Hähnchenbrustfilet
1 EL kaltgepresstes Olivenöl
400 ml vegetarische Gemüsebrühe (aus Instantpulver)
100 ml Kokosmilch
etwas Kräutersalz
$^1/_2$ TL Currypulver
3 Zweige Koriandergrün

● **Für 2 Personen**
● **Zubereitungszeit:**
   ca. 30 Minuten
● **ca. 290 kcal je Portion**

Kokosmilch läßt sich einfach herstellen, indem Sie 80 g getrocknete Kokosraspel mit 300 ml kochendem Wasser übergießen. Dieses 1 bis 2 Stunden quellen lassen, durch ein Sieb geben und die Milch auffangen.

Bouillon mit Eierwölkchen E

1. Zuerst 200 ml Wasser mit der Gemüsebrühe aufkochen lassen.

2. In der Zwischenzeit das Ei zusammen mit den Kräutern verquirlen und das Ganze unter ständigem Rühren langsam in die Brühe einlaufen lassen. Die Bouillon in einer Suppentasse servieren.

ZUTATEN

1 TL Gemüsebrühe (aus Instantpulver)
1 kleines Ei
1 TL fein gehackte Petersilie
1 TL geschnittener Schnittlauch

● Für 1 Person
● Zubereitungszeit:
  ca. 15 Minuten
● ca. 90 kcal je Portion

TIPP

Diese Suppe eignet sich auch für zwischendurch.

Salate und kleine Gerichte

Gemüsetoast mit Mozzarella überbacken ⚶

1. Zucchini, Aubergine und Paprikaschote waschen und putzen. Anschließend die Zucchini und die Aubergine in 1 cm dicke Scheiben schneiden. Das Öl in einer Pfanne erhitzen und die Scheiben darin von beiden Seiten kräftig anbraten. Danach sofort aus der Pfanne nehmen und auf Küchenpapier legen.

2. Die Paprikaschote entkernen und das Fruchtfleisch in dünne Streifen schneiden. Das Basilikum waschen und trockentupfen. Die Knoblauchzehe schälen.

3. Den Grill oder den Ofen auf 200°C vorheizen. Die Brote von beiden Seiten toasten. Sie mit der Knoblauchzehe abreiben und die Auberginenscheiben darauf legen.

4. Anschließend die Zucchini- und die Paprikastücke darauf schichten und alles mit Meersalz und Thymian würzen.

5. Den Käse in Scheiben schneiden und auf den belegten Toasts verteilen. Das Ganze auf einen feuerfesten Untersatz geben und im Ofen oder im Grill überbacken.

6. Die Toasts mit den Oliven und Basilikum garnieren und auf 2 Tellern servieren.

ZUTATEN

½ **kleine Zucchini**
1 **Stück Aubergine (ca. 8 cm)**
½ **rote Paprikaschote**
3 **EL kaltgepresstes Olivenöl**
4 **Blätter Basilikum**
1 **Knoblauchzehe**
4 **Scheiben Vollkorntoastbrot**
etwas **Meersalz**
½ **TL Thymian**
75 g **Mozzarella (½ Kugel)**
8 **schwarze Oliven (entsteint)**

● **Für 2 Personen**
● **Zubereitungszeit:**
  ca. 25 Minuten
● **ca. 470 kcal je Portion**

Bohnensalat mit Grünkernklößchen

1. Die Brühe in einem Topf aufkochen und das Schrot hinein rühren. Das Schrot auf der ausgeschalteten Platte zugedeckt in etwa 15 Minuten ausquellen lassen. Dabei ab und zu umrühren.

2. Inzwischen die Bohnen waschen, putzen und die Fäden abziehen. Die Bohnen in 3 cm lange Stücke schneiden. Sie in etwas leicht gesalzenem Wasser etwa 12 Minuten bissfest dünsten, abtropfen lassen.

3. Die Zwiebel schälen und fein würfeln. Das Molkosan mit dem Kräutersalz verrühren und das Öl darunter schlagen. Die Zwiebeln auf die noch warmen Bohnen geben und die Sauce darüber verteilen. Den Salat mindestens 1 Stunde oder über Nacht im Kühlschrank durchziehen lassen.

4. Den Schafskäse mit einer Gabel zerdrücken und mit dem Schrot und der Petersilie mischen. Aus der Masse Klößchen formen und sie mindestens 30 Minuten trocknen lassen. Den Bohnensalat mit den Estragonblättchen bestreuen und die Klößchen darauf geben.

ZUTATEN

100 ml Gemüsebrühe (aus Instantpulver)
30 g Grünkernschrot
300 g grüne Bohnen
etwas Meersalz
$^{1}/_{2}$ kleine Zwiebel
1 EL Molkosan (Reformhaus)
etwas Kräutersalz
2 EL kaltgepresstes Sonnenblumenöl
30 g Schafskäse (in Lake eingelegt)
1 EL gehackte Petersilie
einige Estragonblättchen

● **Für 1 Person**
● **Zubereitungszeit: ca. 25 Minuten**
● **Zeit zum Durchziehen: mindestens 1 Stunde**
● **ca. 470 kcal je Portion**

Pizzabrot mit Tomatensalat ★

1. Das Mehl in eine Schüssel geben und in die Mitte eine Mulde drücken. Die Hefe zerbröckeln und zusammen mit 150 ml lauwarmem Wasser und Honig in die Mulde geben und vorsichtig verrühren.

2. Nach und nach das Mehl unter den Vorteig rühren und alles zugedeckt an einem warmen Ort etwa 25 Minuten gehen lassen.

3. In der Zwischenzeit die Knoblauchzehe schälen und in eine kleine Schüssel pressen, Sie mit 2 Esslöffeln Olivenöl verrühren und leicht salzen.

4. Den Teig nach dem Gehen noch einmal kräftig kneten, salzen und in 2 gleich große Stücke aufteilen. Diese mit einem Nudelholz auf einer bemehlten Arbeitsfläche zu möglichst dünnen, runden Fladen ausrollen und auf Backpapier legen.

5. Die Teigstücke anschließend mit dem gewürzten Knoblauchöl dünn bestreichen, die Kräuter darauf verteilen und leicht andrücken. Sie danach mit dem

Backpapier auf ein Blech geben und etwa 20 Minuten zugedeckt gehen lassen.

6. Nach etwa 10 Minuten den Ofen auf 250°C vorheizen. Die Pizzabrote nach dem Gehen auf der mittleren Schiene im vorgeheizten Ofen etwa 15 Minuten backen.

ZUTATEN

Für das Pizzabrot:
200 g Weizenvollkornmehl
20 g frische Hefe
$^1/_2$ TL flüssiger Honig
1 Knoblauchzehe
2 EL kaltgepresstes Olivenöl
etwas Meersalz
$^1/_2$ TL Thymian
$^1/_2$ TL Oregano
$^1/_2$ TL Basilikum

Für den Salat:
4 Flaschentomaten
1 kleine Zwiebel
2 EL Olivenöl
1 EL Molkosan
10 schwarze Oliven

● **Für 2 Personen**
● **Zubereitungszeit: ca. 1 Stunde**
● **Zeit zum Gehen: 45 Minuten**
● **ca. 620 kcal je Portion**

7. In der Zwischenzeit die Tomaten waschen und die Stielansätze keilförmig herausschneiden. Das Fruchtfleisch in Scheiben schneiden. Die Zwiebel schälen und in dünne Ringe schneiden.

8. Die Tomaten auf 2 kleine Teller verteilen und die Zwiebelringe darauf geben. Das Olivenöl in einer kleinen Schüssel mit dem Molkosan verrühren und die Sauce auf die Tomaten träufeln. Alles mit Salz würzen und mit den Oliven garnieren.

9. Die fertig gebackenen Pizzabrote aus dem Ofen nehmen und warm zu dem Salat servieren.

Vollkornbrot mit Obatzter &

1. Den Camembert fein würfeln und in eine Schüssel geben. Den Schnittlauch waschen, trockentupfen und in sehr dünne Ringe schneiden.

2. Diese mit der weichen Butter, der sauren Sahne und den Gewürzen zum Käse geben. Alles sorgfältig vermischen.

3. Den Salat waschen, trockenschleudern und auf die Brotscheiben legen. Den Obatzter darauf verteilen. Die Tomate waschen und die Gurke schälen. Den Stielansatz der Tomate keilförmig herausschneiden und das Fruchtfleisch zusammen mit der Gurke in dünne Scheiben schneiden.

4. Die beiden Brote auf 2 Tellern anrichten, die Tomaten- und die Gurkenscheiben abwechselnd überlappend danebenlegen und alles mit Kräutersalz würzen.

ZUTATEN

125 g reifer Camembert (mind. 60% F. i. Tr.)
$^1/_2$ Bund Schnittlauch
1 EL weiche Butter
1 EL saure Sahne
$^1/_4$ TL Paprikapulver, edelsüß
$^1/_4$ TL Kümmelsamen
2 Blätter Kopfsalat
2 große Scheiben Vollkornbrot
1 Flaschentomate
1 Stück Gurke
etwas Kräutersalz

● **Für 2 Personen**
● **Zubereitungszeit: ca. 20 Minuten**
● **ca. 440 kcal je Portion**

Schalotten auf Curry-Joghurt-Sauce mit Pinienkernen ⓚ

1. Die Schalotten schälen und je nach Größe vierteln oder achteln. Den Apfel waschen, trockenreiben und vierteln. Das Kerngehäuse entfernen und das Fruchtfleisch in schmale Spalten schneiden.

2. Das Öl in einer Pfanne erhitzen. Die Zwiebelspalten darin anbraten. Sobald sie beginnen Farbe anzunehmen, die Apfelstücke hinzufügen. Alles etwa 3 Minuten braten und danach bei schwacher Hitze zugedeckt weitere 5 Minuten dünsten.

ZUTATEN

250 g Schalotten
1 mürber, süßer Apfel
2 EL kaltgepresstes Olivenöl
125 g Joghurt (3,5% Fett)
$1/2$ TL Currypulver
2 Msp. Kreuzkümmelpulver
etwas Meersalz
2 EL geschälte Pinienkerne

- Für 2 Personen
- Zubereitungszeit: ca. 20 Minuten
- ca. 300 kcal je Portion

3. In der Zwischenzeit den Joghurt in einer Schüssel mit dem Currypulver und dem Kreuzkümmel verrühren. Das Ganze mit Salz abschmecken.

4. Die Sauce auf 2 Tellern verteilen und die Schalotten-Apfel-Mischung darauf anrichten. Alles mit den Pinienkernen bestreuen.

TIPP

Dazu passt Vollkorn-Basmati-Reis

Nudelsalat mit grünem Spargel ⓚ

1. Den Spargel waschen. Die Stangen schräg in 2 bis 3 cm lange Stücke schneiden und diese in reichlich leicht gesalzenem Wasser bissfest kochen.

2. Inzwischen die Tomaten waschen. Die Basilikumblättchen waschen, trockentupfen und in Streifen schneiden.

3. Für die Sauce den Frischkäse mit dem Joghurt und dem Kräutersalz verrühren und das Basilikum dazugeben.

4. Den Spargel abtropfen und abkühlen lassen. Spargel, Nudeln und Tomaten zusammen mit der Sauce mischen.

ZUTATEN

150 g grüner Spargel
etwas Meersalz
100 g Kirschtomaten
6 Basilikumblättchen
1 EL Doppelrahmfrischkäse
(60 oder 70% Fett i.Tr.)
40 g Joghurt (3,5% Fett)
etwas Kräutersalz
100 g gekochte kleine Vollkornnudeln (40 g Rohgewicht)

⦁ Für 1 Person
⦁ Zubereitungszeit:
ca. 20 Minuten
⦁ ca. 280 kcal je Portion

TIPP

Verwenden Sie möglichst Nudeln ohne Eizusatz.

Knackiger Sommersalat

1. Die Paprikaschote halbieren, das Kerngehäuse entfernen, waschen und in feine Streifen schneiden.

2. Die Tomaten waschen, halbieren, von den Stielansätzen befreien und in Würfel schneiden. Den Fenchel putzen und in sehr dünne Streifen schneiden. Die Zwiebel schälen und fein würfeln.

3. Aus Molkekonzentrat, Öl, Salz und 100 ml Wasser eine Sauce rühren. Diese nach Belieben mit der Sahne verfeinern und die fein gehackten Kräuter untermischen. Zum Schluss die Sauce über den Salat geben.

ZUTATEN

1 grüne Paprikaschote
2 Tomaten
$^1/_2$ kleine Fenchelknolle
1 Zwiebel
1 EL Molkosan (Reformhaus)
1 EL kaltgepresstes Sonnenblumenöl
etwas Kräutersalz
60 g süße Sahne
3 EL fein gehackte Kräuter

⦁ Für 1 Person
⦁ Zubereitungszeit:
ca. 25 Minuten
⦁ ca. 370 kcal je Portion

Ziegenkäsetatar N

1. Die roten Beten waschen und unversehrt in einen kleinen Topf geben. Sie knapp mit Wasser bedecken und zugedeckt einmal aufkochen lassen. Danach zugedeckt bei schwacher Hitze etwa 25 Minuten garen.

2. In der Zwischenzeit das restliche Gemüse waschen und putzen. Dabei die Kerne der Paprikaschoten, die Schale der Gurke sowie die Stielansätze der Tomaten entfernen. Das Radieschengrün etwa 2 cm lang an den Knollen lassen.

3. Die Paprikaschoten, die Gurke und die Tomaten etwa 1 cm groß würfeln. Die Radieschen längs halbieren, die Frühlingszwiebeln in $^1/_2$ cm dicke Ringe schneiden.

4. Die Petersilie waschen und trockentupfen. Die harten Stiele abschneiden und das restliche Grün fein hacken.

5. Die roten Beten nach dem Garen abschütten, abschrecken und die Haut mit den Händen unter fließendem Wasser von den Knollen drücken. Das Fruchtfleisch 1 cm groß würfeln.

6. Den Ziegenkäse durch eine Kartoffelpresse oder die grobe Scheibe eines Fleischwolfs geben und in die Mitte von 2 großen Tellern setzen. Das Gemüse nach Sorten getrennt um den Käse anrichten und mit der gehackten Petersilie garnieren.

7. Das Ganze mit Kräutersalz bestreut servieren.

ZUTATEN

2 kleine rote Beten (ca. 100 g)
$^1/_2$ gelbe Paprikaschote
$^1/_2$ grüne Paprikaschote
1 Stück Gurke (ca. 6 cm)
2 Frühlingszwiebeln
2 Tomaten
8 Radieschen
4 Zweige glatte Petersilie
180 g Ziegenfrischkäse
(z.B. Lingot blanc)
etwas Kräutersalz

● **Für 2 Personen**
● **Zubereitungszeit: ca. 1 Stunde**
● **ca. 390 kcal je Portion**

Bunter Gemüsesalat

1. Blumenkohl, die Prinzessbohnen und Möhren putzen, waschen und in passende Stücke schneiden. Alles ins kochende, leicht gesalzene Wasser geben und etwa 10 Minuten garen.

2. Inzwischen die Gurke schälen, der Länge nach vierteln und in 1 bis 2 cm lange Stücke schneiden. Den Sellerie ebenfalls putzen, waschen und in 1 cm lange Streifen schneiden.

3. Für die Salatsauce den Brottrunk, das Sonnenblumenöl, das Kräutersalz und den gepressten Knoblauch miteinander verrühren. Mit dem Schneebesen die Sahnedickmilch unterschlagen.

4. Das noch bissfeste Gemüse gut abtropfen lassen und in eine Schüssel geben. Im Anschluss alles mit den Gurken- und den Selleriestückchen mischen.

5. Die Salatsauce über das noch warme Gemüse geben und vorsichtig mischen. Mit den Schnittlauchröllchen und der Petersilie bestreut servieren.

ZUTATEN

100 g Blumenkohl
75 g Prinzessbohnen
100 g Möhren
$^1/_2$ TL Meersalz
100 g Salatgurke
2 Stangen Staudensellerie
100 ml Brottrunk
1 TL Sonnenblumenöl
$^1/_2$ TL Kräutersalz
1 Knoblauchzehe
40 g Sahnedickmilch
1 EL fein geschnittener Schnittlauch
1 EL fein gehackte Petersilie

● Für 1 Person
● Zubereitungszeit: ca. 30 Minuten
● ca. 210 kcal je Portion

Spargel mit Schinken

1. Den Spargel schälen und die holzigen Enden etwa 2 cm breit abschneiden. Die Stangen in einen breiten Topf geben, mit Wasser bedecken und die Frutilose und das Kräutersalz hinzufügen.

2. Alles im geschlossenen Topf einmal aufkochen und das Gemüse danach bei schwacher Hitze etwa 15 Minuten garen.

3. In der Zwischenzeit den Friséesalat waschen, putzen und trockenschleudern. Ihn jeweils als Bukett auf 2 Tellern anrichten. Das Molkosan zusammen mit dem Öl und 2 Esslöffeln heißem Spargelsud in einer kleinen Schüssel verquirlen. Die Sauce mit Salz würzen und auf den Salat träufeln.

4. Die Schinkenscheiben auf bzw. neben den Friséesalat anrichten. Den gegarten Spargel aus dem Sud nehmen und neben den Salat und die Schinkenscheiben legen. Das Ganze mit gehackten Petersilie bestreuen.

ZUTATEN

500 g frischer Spargel
$^1/_2$ TL Frutilose
$^1/_2$ TL Kräutersalz
6 Blätter Friséesalat
1 EL Molkosan
2 EL kaltgepresstes Olivenöl
100 g roher Rinder- oder Lammschinken (dünn geschnitten, ohne Fettrand)
3 EL gehackte Petersilie

● Für 2 Personen
● Zubereitungszeit: ca. 30 Minuten
● ca. 160 kcal je Portion

Grünes Ratatouille ●

1. In einem Topf etwa 2 l leicht gesalzenes Wasser zum Kochen bringen. Die Bohnen waschen, putzen und die Fäden abziehen. Sie im kochenden Wasser 10 Minuten ohne Deckel blanchieren.

2. In der Zwischenzeit den Brokkoli waschen und in kleine Röschen zerteilen. Die Frühlings-

zwiebeln waschen, putzen und in 2 cm breite Ringe schneiden. Die Zuckerschoten ebenfalls waschen und die Enden abschneidend

3. Den Staudensellerie und die Zucchini waschen, putzen und in ¹/₂ cm breite Stücke schneiden.

4. Die Bohnen mit einer Schaumkelle aus dem Wasser nehmen, mit kaltem Wasser abschrecken und anschließend in einem Sieb abtropfen lassen. Die Brokkoliröschen in das Bohnenkochwasser geben, etwa 5 Minuten blanchieren und danach ebenfalls abschrecken und abtropfen lassen.

5. Den Thymian und das Basilikum waschen und trockentupfen. Die Thymianblättchen vom Stiel abstreifen und das Basilikum fein hacken. Den Knoblauch schälen und pressen.

6. Das Öl in einer Pfanne erhitzen. Die Frühlingszwiebeln zusammen mit den Zuckerschoten, der Zucchini und dem Staudensellerie hineingeben und unter ständigem Rühren bei mittlerer Hitze etwa 5 Minuten anbraten.

7. Danach die Bohnen, den Brokkoli und den Knoblauch hinzufügen und alles etwa 3 Minuten weitergaren. Das Gemüse mit Meersalz sowie den Kräutern würzen und auf 2 Tellern anrichten. Alles mit den Pinienkernen bestreuen.

ZUTATEN

etwas Meersalz
100 g grüne Bohnen
100 g Brokkoli
3 Frühlingszwiebeln
100 g Zuckerschoten
2 Stangen Staudensellerie
1 kleine Zucchini (ca. 120 g)
1 Zweig Thymian
6 Blätter Basilikum
1 Knoblauchzehe
2 EL kaltgepresstes Olivenöl
1 EL Pinienkerne

● **Für 2 Personen**
● **Zubereitungszeit:**
   ca. 30 Minuten
● **ca. 220 kcal je Portion**

Selleriesalat mit pikanter Sauce

1. Die Sellerieknolle waschen und in reichlich kochendem Wasser 20 bis 25 Minuten garen. Nach dem Abkühlen schälen und grob raspeln.

2. Aus dem Brottrunk, der Sahnedickmilch, dem Sonnenblumenöl, dem Apfeldicksaft und dem Kräutersalz eine pikante Salatsauce rühren.

ZUTATEN

1 Sellerieknolle (400 g)
50 ml Brottrunk
40 g Sahnedickmilch
1 TL Sonnenblumenöl
1 TL Apfeldicksaft
etwas Kräutersalz
1 Zwiebel
2 EL fein gehackte Petersilie

● Für 1 Person
● Zubereitungszeit:
  ca. 40 Minuten
● ca. 230 kcal je Portion

3. Die Zwiebel schälen, in feine Würfel schneiden und zu der Sauce geben. Alles miteinander gut verrühren und über den geraspelten Sellerie gießen, mischen und zum Schluss mit der gehackten Petersilie bestreuen. Gut durchziehen lassen. Diesen Salat sollten Sie unbedingt mit einer Eiweiß- oder Kohlenhydratmahlzeit ergänzen.

Römersalat mit Tomate und Paprika ●

1. Den römischen Salat, die Fleischtomate und die gelbe Paprikaschote putzen, waschen und in Streifen schneiden. Alles mischen.

2. Den Brottrunk, das Olivenöl, das Kräutersalz, die Kräuter der Provence und den Oregano zu einer Sauce rühren.

3. Die Zwiebel in feine Ringe schneiden, den durch die Presse gedrückten Knoblauch hinzufügen und die Sauce über den gemischten Salat gießen.

4. Mit den frisch gehackten Kräutern bestreuen, alles miteinander mischen und kurze Zeit ziehen lassen.

ZUTATEN

$^1/_2$ **Kopf römischer Salat (Romana)**
1 Fleischtomate
1 gelbe Paprikaschote
100 ml Brottrunk
1 TL Olivenöl
etwas Kräutersalz
$^1/_2$ **TL Kräuter der Provence**
$^1/_2$ **TL Oregano**
1 rote Zwiebel
1 Knoblauchzehe
3 EL frische Kräuter

● Für 1 Person
● Zubereitungszeit:
  ca. 20 Minuten
● ca. 180 kcal je Portion

Paprikastreifen mit Blauschimmeldip ⓝ

1. Die Paprikaschoten waschen, putzen und die Kerne entfernen. Das Fruchtfleisch in gleichmäßige, $^1/_2$ cm dicke Streifen schneiden.

2. Den Blauschimmelkäse fein würfeln und in eine hohe Schüssel geben. Die saure Sahne und Joghurt hinzufügen und alles mit dem Schneidstab pürieren.

3. Den Dip mit dem Rosenpaprika pikant abschmecken und zusammen mit den Paprikastreifen anrichten.

ZUTATEN

1 rote Paprikaschote
1 grüne Paprikaschote
1 gelbe Paprikaschote
60 g Blauschimmelkäse (z.B. Roquefort)
100 g saure Sahne
100 g Joghurt (3,5% Fett)
1 TL Rosenpaprika

● Für 2 Personen
● Zubereitungszeit:
  ca. 15 Minuten
● ca. 290 kcal je Portion

TIPP

Zu diesem Dip passen selbstverständlich auch andere Gemüsesorten, wie Karotten, Staudensellerie und Gurke.

Geflügelsalat mit Mango und Pfefferminze ▣

1. Die Mango schälen, das Fruchtfleisch vom Stein abschneiden und etwa 1 cm groß würfeln. Die Frühlingszwiebeln waschen, putzen und in etwa $1/2$ cm dicke Ringe schneiden.

2. Das Hähnchenfleisch waschen, trockentupfen und etwa 2 cm groß würfeln. Das Öl in einer Pfanne erhitzen und die Fleischstücke darin von allen Seiten anbraten. Danach die Frühlingszwiebeln dazugeben, die Pfanne zudecken und vom Herd nehmen.

3. Das Hähnchen und die Zwiebeln bis zum Anrichten des Salates in der geschlossenen Pfanne lassen. Den Salat waschen, putzen und trockenschleudern. Ihn in mundgerechte Stücke zerteilen.

4. Die Pfefferminze waschen und trockentupfen. Einige schöne Blätter beiseite legen. Die restlichen Blätter von den Stielen zupfen und in feine Streifen schneiden. Zusammen mit Joghurt, saurer Sahne, Frutilose, etwas Salz und Cayennepfeffer glatt rühren und pikant abschmecken.

5. Den Eisbergsalat auf 2 großen Tellern verteilen. Die Mango-, Fleisch- und Zwiebelstücke darauf anrichten und die Sauce darübergeben. Etwas Currypulver auf die Sauce stäuben und die Salate mit der Minze garnieren.

ZUTATEN

1 kleine Mango
2 Frühlingszwiebeln
250 g Hähnchenbrustfilet
1 TL kaltgepresstes Olivenöl
$1/4$ Kopf Eisbergsalat
4 Zweige Pfefferminze
100 g Joghurt (3,5% Fett)
50 g saure Sahne
1 TL Frutilose
etwas Kräutersalz
etwas Cayennepfeffer
etwas Currypulver

● Für 2 Personen
● Zubereitungszeit: ca. 45 Minuten
● ca. 340 kcal je Portion

Apfel-Möhren-Sellerie-Rohkost E

1. Die Äpfel waschen, trocken-reiben, vierteln, das Kerngehäuse herausschneiden, das Frucht-fleisch grob raspeln und sofort mit dem Zitronensaft beträufeln.

2. Die Möhren putzen, schaben, waschen und ebenfalls grob ras-peln. Vom Sellerie die Fäden abziehen, die Stangen waschen, trockenreiben und in hauchdünne Scheiben schneiden.

3. Die vorbereiteten Zutaten mischen und mit Frutilose leicht süßen.

4. Für die Sauce Joghurt, Sahne, Ingwer und Frutilose verrühren, alles auf die Rohkost geben und das Ganze mit den Sonnenblu-menkernen und den Kokosraspeln bestreuen.

ZUTATEN

2 säuerliche Äpfel
2 EL Zitronensaft
3 Möhren
2 Stangen Staudensellerie
2 EL Frutilose (Reformhaus)
150 g Joghurt (3,5 % Fett)
40 g süße Sahne
$^1/_2$ TL frisch geriebener Ingwer
2 EL Frutilose
je 2 EL Sonnenblumenkerne und Kokosraspel

● Für 2 Personen
● Zubereitungszeit: ca. 30 Minuten
● ca. 450 kcal je Portion

TIPP

Zur Rohkost passt gut ein frisch gepresster Orangensaft

Rucolasalat mit Champignons und gehobeltem Parmesan E

1. Den Knoblauch schälen und in eine kleine Schüssel pressen. Olivenöl, Molkosan, 2 Esslöffel heißes Wasser und die Gewürze dazugeben. Alles verquirlen.

2. Den Rucolasalat gründlich waschen, trockenschleudern und putzen. Die harten Stängel entfernen. Den Salat in mundgerechte Stücke zerkleinern, auf 2 großen Tellern anrichten und mit der Sauce beträufeln.

3. Die Champignons trocken abreiben und putzen. Auf einem Hobel oder mit einem Messer sehr fein schneiden, kurz in der Butter dünsten und auf den Rucolastücken verteilen.

4. Den Parmesan direkt auf die angerichteten Salate hobeln oder reiben.

ZUTATEN

¹/₂ Knoblauchzehe
3 EL kaltgepresstes Olivenöl
2 EL Molkosan
1 Msp. Senfpulver
¹/₂ TL flüssiger Honig
etwas Kräutersalz
150 g Rucolasalat (Rauke)
100 g braune Champignons
(oder Steinpilze)
1¹/₂ EL Butter
70 g Parmesan (am Stück)

● Für 2 Personen
● Zubereitungszeit:
  ca. 20 Minuten
● ca. 400 kcal je Portion

Geflügelsalat mit Staudensellerie und Mandeln E

1. Das Fleisch in etwa 1 cm große Würfel schneiden und zusammen mit der Brühe in einen kleinen Topf geben. Alles einmal aufkochen und danach bei schwacher Hitze etwa 8 Minuten weitergaren. Zwischendurch einmal umrühren und die Flüssigkeit auf etwa 2 Esslöffel einkochen lassen.

2. In der Zwischenzeit die Zwiebel schälen und fein würfeln. Die Würfel zu dem Hähnchenfleisch geben und 1 Minute darin erhitzen. Den Topf vom Herd nehmen und alles abkühlen lassen.

3. Den Staudensellerie und den Chicorée waschen und putzen. Die Selleriestangen ½ cm groß würfeln. Den bitteren Strunk vom Chicorée keilförmig herausschneiden und die einzelnen Blätter ablösen.

4. Den Knoblauch schälen und in eine kleine Schüssel pressen. Honig, Senfpulver und Joghurt dazugeben, glatt rühren und mit Kräutersalz würzen.

5. Die Selleriewürfel, das Fleisch und die Zwiebelstücke sowie die eingekochte Brühe in die Sauce geben, unterheben und alles noch einmal abschmecken. Den Salat etwa 10 Minuten durchziehen lassen.

6. Die Trauben waschen, trockentupfen und von den Stielen zupfen. Sie je nach Größe halbieren und von den Kernen befreien.

7. Die Chicoréeblätter sternförmig auf 2 Tellern anrichten. Den Salat in die Mitte geben und mit den Mandelstiften bestreuen. Das Ganze mit den Trauben garnieren.

ZUTATEN

250 g Hähnchenbrustfilet
75 ml vegetarische Gemüsebrühe (aus Instantpulver)
1 Zwiebel
4 Stangen Staudensellerie
1 Chicorée
½ Knoblauchzehe
1 TL flüssiger Honig
2 Msp. Senfpulver
100 g Joghurt (3,5 % Fett)
etwas Kräutersalz
100 g blaue Trauben
50 g Mandelstifte

● **Für 2 Personen**
● **Zubereitungszeit: ca. 1 Stunde**
● **ca. 440 kcal je Portion**

Rote-Bete-Salat mit Joghurtsauce E

1. Die rote Bete schälen und fein reiben. Den Apfel waschen, vierteln, entkernen und ebenfalls reiben. Die Schalotte schälen und fein würfeln.

2. Den Joghurt mit Zitronensaft, Salz und Petersilie verrühren. Die Sauce mit dem Salat mischen.

ZUTATEN

1 Rote-Bete-Knolle
$^1/_2$ saurer Apfel
1 kleine Schalotte
75 g Joghurt (3,5% Fett)
Saft von $^1/_2$ Zitrone
etwas Meersalz
2 EL gehackte Petersilie

● **Für 1 Person**
● **Zubereitungszeit:**
  ca. 15 Minuten
● **ca. 170 kcal je Portion**

TIPP

Mischen Sie etwas Anispulver oder etwas Kümmel unter den Salat.

Roastbeef-Birnen-Salat mit Roquefortsauce E

1. Den Salat waschen, trockenschleudern und putzen. Die Blätter in mundgerechte Stücke zerteilen. Die Trauben waschen und von den Stielen zupfen. Sie je nach Größe halbieren und die Kerne entfernen.

2. Den Roquefort mit einer Gabel zerdrücken. Joghurt, Sahne, Öl und 1 Esslöffel heißes Wasser dazugeben und zu einer glatten Sauce verquirlen. Diese mit Salz und Cayennepfeffer pikant abschmecken.

3. Die Birne waschen, schälen, halbieren und entkernen. Das Fruchtfleisch fächerartig aufschneiden und mit etwas Zitronensaft beträufeln.

4. Den Eichblattsalat auf 2 großen Tellern verteilen und mit der Sauce beträufeln. Die Roastbeefscheiben und die Birnenfächer darauf anrichten und alles mit den Trauben garnieren. Die Walnusshälften in der Mitte zerbrechen und zuletzt auf den Salat streuen.

ZUTATEN

$^1/_2$ **Kopf Eichblattsalat**
20 blaue Trauben
2 EL Roquefort (ca. 30 g)
2 EL Joghurt
2 EL Sahne
2 EL Walnussöl
etwas Kräutersalz
etwas Cayennepfeffer
1 reife Birne
1 EL Zitronensaft
50 g dünn geschnittenes,
gegartes Roastbeef
5 geschälte Walnusshälften

- **Für 2 Personen**
- **Zubereitungszeit:**
  ca. 20 Minuten
- **390 kcal je Portion**

Marinierter Pecorino mit Staudensellerie E

1. Den Staudensellerie in einzelne Stangen zerteilen und gründlich waschen und putzen. Danach schräg in etwa 8 cm lange Stücke schneiden.

2. Den Pecorino mit einem Käsehobel sehr dünn auf 2 große Teller hobeln. Die Scheiben mit dem Öl und dem Zitronensaft beträufeln. Alles mit etwas Kräutersalz und Cayennepfeffer würzen.

3. Die Hälfte der Selleriestücke neben dem Käse auf den beiden Tellern anrichten und den Rest in einer kleinen Schale zu dem marinierten Käse servieren.

ZUTATEN

1 ganzer Staudensellerie
150 g Pecorino am Stück
(ital. Hartkäse aus Schafsmilch)
2 EL kaltgepresstes Olivenöl
1 EL Zitronensaft
etwas Kräutersalz
1 Msp. Cayennepfeffer

- **Für 2 Personen**
- **Zubereitungszeit:**
  ca. 10 Minuten
- **ca. 420 kcal je Portion**

Grüner Obstsalat mit Fenchel und Limette E

1. Die Trauben waschen und von den Stielen zupfen. Die Melone in Spalten schneiden und die Kerne mit einem Löffel entfernen. Anschließend das Fruchtfleisch mit einem Messer von der Schale lösen und in etwa 2 cm große Stücke zerkleinern.

2. Den Fenchel waschen, putzen und 1,5 cm groß würfeln. Die Kiwi schälen, der Länge nach vierteln und anschließend in 3 cm dicke Scheiben schneiden.

3. Die Birne waschen, trockenreiben und ungeschält vierteln. Das Kerngehäuse entfernen und das Fruchtfleisch in dünne Scheiben schneiden. Diese zusammen mit dem Limettensaft in eine Schüssel geben und alles durchmischen.

4. Das restliche Obst unter die Birnenstücke heben und mit der Frutilose süßen. Den Salat auf 2 Schälchen verteilen. Die Zitronenmelisse waschen, trockentupfen und die Blättchen von den Stielen zupfen.

5. Den Salat mit Pistazienkernen und den Melisseblättchen garnieren.

ZUTATEN

100 g grüne, kernlose Trauben
$^1/_2$ Galiamelone
1 kleine Fenchelknolle
1 Kiwi
1 Birne
1 EL Limettensaft
1 – 2 EL Frutilose
1 Zweig Zitronenmelisse
2 EL gehackte Pistazien

● **Für 2 Personen**
● **Zubereitungszeit:**
  ca. 30 Minuten
● **ca. 290 kcal je Portion**

Stilton mit Melonenspalten und Parmaschinken E

1. Den Salat waschen, putzen und trockenschleudern. Zitronensaft, Öl, Honig und 2 Esslöffel heißes Wasser in einer kleinen Schüssel kräftig verrühren, sodass sich alle Zutaten zu einer glatten Sauce verbinden. Diese mit Kräutersalz würzen.

2. Den Salat in mundgerechte Stücke zerteilen und in eine Schüssel geben. Mit der Sauce vermengen und kurz durchziehen lassen.

3. In der Zwischenzeit die Melone in Spalten schneiden, entkernen und das Fruchtfleisch von der Schale lösen. Dieses auf 2 große Teller setzen. Den Schinken neben und zum Teil auf den Melonenspalten anrichten.

ZUTATEN

10 Blätter Friséesalat
1 TL Zitronensaft
1 EL kaltgepresstes Olivenöl
$^1/_2$ TL flüssiger Honig
etwas Kräutersalz
$^1/_2$ Galiamelone
75 g roher Rinder- oder
Lammschinken (in sehr dünnen Scheiben)
150 g Stilton (englischer Blauschimmelkäse)

● Für 2 Personen
● Zubereitungszeit:
  10 Minuten
● ca. 430 kcal je Portion

4. Den Stilton in etwa 1 cm breite Spalten schneiden und neben dem Schinken und der Melone anrichten. Den Salat in kleine Schälchen geben.

Honigmelone mit Bündner Fleisch E

1. Die Honigmelone in 6 Spalten schneiden und entkernen. Das Fruchtfleisch von der Schale lösen und auf 2 Tellern anrichten.

2. Die Trauben waschen und trockentupfen. Das Bündner Fleisch neben den Melonenspal-ten auf den Tellern anrichten. Alles mit den Trauben garnieren.

ZUTATEN

$^1/_2$ Honigmelone
100 g blaue Weintrauben
75 g Bündner Fleisch (in sehr
dünne Scheiben geschnitten)

● Für 2 Personen
● Zubereitungszeit:
  ca. 10 Minuten
● ca. 100 kcal je Portion

Papaya mit pikantem Hüttenkäse und Garnelen E

1. Den Hüttenkäse in eine Schüssel geben. Die Garnelen in einem Sieb kalt abspülen und abtropfen lassen.

2. Die Paprikaschote waschen, putzen und die Kerne entfernen. Das Fruchtfleisch sehr fein würfeln. Den Dill waschen, trockentupfen und einige Zweige zurückbehalten. Den Rest fein schneiden. Zusammen mit den Paprikawürfeln zu dem Hüttenkäse geben.

3. Diese Mischung mit Kräutersalz und Tabasco pikant abschmecken. Die Papaya waschen, halbieren und die Kerne herausschaben. Auf der gegenüberliegenden Seite der Schnittfläche jeweils ein etwa $1/2$ cm dickes Stück von der Schale abschneiden, damit sie Stand bekommen. Die Papayahälften auf zwei Teller setzen.

4. Den angemachten Hüttenkäse in das Innere der Papayaschiffchen füllen. Die Garnelen darauf verteilen und alles mit den beiseite gelegten Dillzweigen garnieren.

ZUTATEN

150 g körniger Hüttenkäse
100 g gegarte, geschälte Garnelen
$1/2$ rote Paprikaschote
1 Bund Dill
etwas Kräutersalz
einige Tropfen Tabasco
1 reife Papaya

● **Für 2 Personen**
● **Zubereitungszeit:**
   ca. 15 Minuten
● **ca. 150 kcal je Portion**

Hauptgerichte

Scharfe Spaghetti mit getrockneten Tomaten ⚘

1. In einem großen Topf reichlich leicht gesalzenes Wasser zum Kochen bringen. Das Olivenöl hinzufügen und die Spaghetti darin nach Packungsanweisung „al dente" garen.

2. In der Zwischenzeit die Tomaten aus dem Öl nehmen, in ein Sieb geben und das abtropfende Öl dabei auffangen. Das Fruchtfleisch sehr fein hacken. Die Chilischote waschen, aufschlitzen und die Kerne herausschaben. Die Schote danach sehr fein würfeln.

3. Den Knoblauch schälen und in eine mittelgroße Schüssel pressen. Ihn mit den Tomaten- und den Chilistücken sowie dem Öl verrühren. Die Sauce etwas mit Kräutersalz würzen.

4. Die Spaghetti abschütten, zu der Sauce in die Schüssel geben und darin wenden. Danach auf 2 tiefe Teller verteilen und die Pinienkerne darauf streuen.

ZUTATEN

etwas Meersalz
250 g Vollkornspaghetti
1 TL kaltgepresstes Olivenöl
für die Nudeln
3 EL Öl (von den eingelegten
Tomaten oder kaltgepresstes
Olivenöl)
8 getrocknete Tomaten
(in Öl eingelegt)
1 rote Chilischote
1 Knoblauchzehe
etwas Kräutersalz
2 EL Pinienkerne

● **Für 2 Personen**
● **Zubereitungszeit:**
ca. 20 Minuten
● **ca. 590 kcal je Portion**

TIPP

Essen Sie dazu frisch aufgeschnittene Tomaten.

Möhrenspaghetti mit Salbeibutter ✿

1. In einem großen Topf reichlich leicht gesalzenes Wasser zum Kochen bringen. Das Öl dazugeben. Die Nudeln im kochenden Wasser nach Packungsanweisung garen.

2. In der Zwischenzeit die Karotte schälen, putzen und der Länge nach in etwa 2 mm dünne Scheiben schneiden. Diese anschließend in lange, spaghettiähnliche Streifen schneiden.

3. Etwa 3 Minuten vor Ende der angegebenen Kochzeit der Nudeln die Karottenstreifen dazugeben.

4. Zwischendurch den Salbei waschen, sorgfältig trockentupfen, die Blätter von den Stielen zupfen und zerkleinern. Die Butter in einer Pfanne erhitzen, bis sie anfängt zu schäumen. Die Pfanne vom Herd nehmen und die Salbeiblätter darin kurz anbraten.

5. Die Nudeln und die Karottenstreifen in ein Sieb schütten und gut abtropfen lassen. Das Ganze auf 2 tiefen Tellern anrichten, die Salbeibutter darauf verteilen und alles mit frisch gepresstem Knoblauch würzen.

ZUTATEN

etwas Meersalz
1 TL kaltgepresstes Olivenöl
250 g Vollkornspaghetti
1 große Karotte (ca. 150 g)
2 – 3 Zweige Salbei
4 EL Butter
1 Knoblauchzehe

● **Für 2 Personen**
● **Zubereitungszeit:**
   ca. 25 Minuten
● **ca. 600 kcal je Portion**

TIPPS

● **Essen Sie vorher einen Teller neutralen Salat.**
● **Wenn Sie das Nussaroma dieses Gerichtes noch verstärken möchten, können Sie noch 2 Esslöffel gehackte Haselnüsse in die erhitzte Butter geben.**

Süße Nudeln mit Obst und Mohn-Frischkäse-Sauce ⚑

1. Das getrocknete Obst in eine Schüssel geben und mit 300 ml Wasser begießen. Das Obst darin zugedeckt etwa 6 Stunden quellen lassen.

2. In einem großen Topf reichlich leicht gesalzenes Wasser zum Kochen bringen. Das Öl dazugeben und die Nudeln darin nach Packungsanweisung garen.

3. In der Zwischenzeit das gequollene Obst in ein Sieb gießen und die Flüssigkeit dabei auffangen. Die Früchte etwa 1 cm groß würfeln.

4. Den Frischkäse in einem Topf mit 100 ml der Quellflüssigkeit des Obstes unter Rühren erhitzen. Falls nicht genug Flüssigkeit übrig ist, das Ganze mit etwas Wasser auffüllen.

5. Die Sauce auf die gewünschte Konsistenz einkochen. Den Mohn und den Ahornsirup darunter rühren.

6. Die gegarten Nudeln auf einem Sieb abtropfen lassen, sie mit den Obststücken vermischen und mit der Sauce servieren.

ZUTATEN

150 g gemischtes ungeschwefeltes Backobst (Äpfel, Pflaumen, Aprikosen)
etwas Meersalz
1 TL kaltgepresstes Olivenöl
250 g Vollkornnudeln
150 g Doppelrahmfrischkäse
2 EL Mohn
1 – 2 EL Ahornsirup

- **Für 2 Personen**
- **Zubereitungszeit:**
  ca. 30 Minuten
- **Quellzeit:**
  ca. 6 Stunden
- **ca. 990 kcal je Portion**

Lauwarmer Kräuter-Kartoffel-Salat mit Räucherfisch K

1. Die Kartoffeln gründlich waschen und in einen Topf geben. Sie zu ²/₃ mit Wasser bedecken und etwas Salz hinzufügen. Das Ganze einmal aufkochen und danach bei schwacher Hitze zugedeckt etwa 25 Minuten köcheln lassen.

ZUTATEN

**450 g festkochende Kartoffeln
etwas Meersalz
1 rote Zwiebel
2 EL Radieschensprossen
1 Stück Salatgurke (ca. 8 cm)
3 EL kaltgepresstes Olivenöl
175 ml vegetarische Gemüsebrühe (aus Instantpulver)
1 Msp. Cayennepfeffer
1 TL Kräutersalz
1 Bund Schnittlauch
4 Zweige Petersilie
2 große Tomaten
(oder 8 Kirschtomaten)
200 g Schillerlocken**

- **Für 2 Personen**
- **Zubereitungszeit:
  ca. 40 Minuten**
- **ca. 510 kcal je Portion**

2. In der Zwischenzeit die Zwiebel schälen und in feine Streifen schneiden. Die Radieschensprossen in ein Sieb geben, abspülen und gut abtropfen lassen. Die Gurke waschen, schälen, der Länge nach vierteln und in dünne Scheiben schneiden.

3. Das Öl in einer Pfanne erhitzen. Die Zwiebelstreifen darin kurz anschwitzen und anschließend mit der Gemüsebrühe ablöschen. Das Ganze vom Herd nehmen, mit Cayennepfeffer und Kräutersalz kräftig würzen und in einer großen Schüssel abkühlen lassen.

4. Die Kräuter waschen und trockentupfen. Die harten Stiele der Petersilie entfernen, den Rest hacken. Den Schnittlauch in feine Röllchen schneiden. Die Tomaten waschen, den Stielansatz entfernen und die Früchte in Scheiben schneiden.

5. Den Fisch in schräge, etwa 3 cm breite Streifen schneiden. Die fertig gegarten Kartoffeln abschütten, auf dem Herd noch einmal ausdämpfen lassen und pellen. Sie noch warm in Scheiben schneiden.

6. Die Kräuter, die Gurken- und die warmen Kartoffelstücke zu den Zwiebeln und der Brühe geben. Alles vorsichtig miteinander vermengen.

7. Den Salat zusammen mit den Fischstücken auf 2 Tellern dekorativ anrichten und mit den Radieschensprossen und den Tomatenscheiben servieren.

Kartoffel-Räucher-fisch-Pfanne ⚓

1. Die Kartoffeln schälen und in Scheiben schneiden. Die Frühlingszwiebeln waschen, putzen und in feine Ringe schneiden. Das Gurkenstück waschen, der Länge nach halbieren und die Kerne mit einem Löffel herauskratzen. Die Gurke in Scheiben schneiden. Die Paprikaschote waschen, vierteln, putzen, entkernen und würfeln.

2. Das Öl in einer Pfanne erhitzen und die Kartoffelscheiben darin anbraten. Zwiebelringe, Gurkenscheiben und Paprikawür-

fel sowie Kräutersalz, Paprikapulver und Cayennepfeffer dazugeben und alles unter ständigem Rühren bei mittlerer Hitze kurz braten, bis das Gemüse bissfest und die Kartoffelscheiben schön goldbraun gebraten sind.

3. Inzwischen die Makrelenfilet enthäuten und in mundgerechte Stücke schneiden. Dei Fischstücke kurz vor Ende der Garzeit zu den Kartoffeln geben und einige Minuten im Gemüse erwärmen. Die Kartoffelpfanne mit dem Schnittlauch bestreuen.

ZUTATEN

400 g gekochte Pellkartoffeln
2 Frühlingszwiebeln
1 Stück Salatgurke
(ca. 10 cm lang)
1 rote Paprikaschote
2 EL Olivenöl
$^1/_2$ TL Kräutersalz
$^1/_2$ TL süßes Paprikapulver
$^1/_4$ TL Cayennepfeffer
1 geräuchertes Makrelenfilet
(ca. 100 g)
2 EL Schnittlauchröllchen

● **Für 2 Personen**
● **Zubereitungszeit:**
  ca. 25 Minuten
● **ca. 390 kcal je Portion**

Kartoffelsalat mit Artischocken und Knoblauchdip

1. Die Kartoffeln gründlich waschen und in einen Topf geben. Sie zu ²/₃ mit gesalzenem Wasser bedecken und den Kümmel hinzufügen. Das Ganze einmal aufkochen und anschließend etwa 25 Minuten zugedeckt köcheln lassen.

2. Von den Artischocken den Stielansatz abschneiden und die Artischocken einmal abbrausen. Sie in einen Topf geben und diesen etwa zur Hälfte mit Wasser füllen. Alles zugedeckt einmal aufkochen und danach bei schwacher Hitze etwa 30 Minuten garen.

3. In der Zwischenzeit die Frühlingszwiebeln und den Sellerie gründlich waschen und putzen. Beides in etwa ¹/₂ cm breite Streifen schneiden. Die Petersilie waschen, trockentupfen und die dicken Stiele entfernen. Den Rest grob hacken.

Die Tomaten waschen und zusammen mit dem Sellerie, den Zwiebeln und der Petersilie beiseite stellen.

4. Die Kartoffeln abschütten und auf einem großen Teller etwas abkühlen lassen. Sie dann schälen und in etwa 3 cm große Würfel schneiden. Diese zusammen mit dem vorbereiteten Gemüse in eine große Schüssel geben.

5. Olivenöl und Brühe in einer Schüssel mit einem Schneebesen kräftig verrühren. Die Sauce über die Salatzutaten geben und alles vorsichtig kurz mischen.

6. Die Artischocken aus dem Wasser nehmen und mit dem Stielende nach oben zum Abtropfen in ein Sieb geben.

7. Die Knoblauchzehe schälen, pressen und in eine Schüssel geben. Mit der Sahnedickmilch verrühren und mit dem Kräutersalz würzen.

8. Die Artischocken auf 2 große Teller setzen. Den Kartoffelsalat daneben anrichten und die Oliven darauf verteilen. Den Knoblauchdip in 2 kleine Schälchen füllen und zu dem Gericht servieren.

ZUTATEN

Für den Salat:
450 g Salatkartoffeln
etwas Meersalz
$^1/_2$ TL Kümmelsamen
2 Artischocken
4 Frühlingszwiebeln
3 Stangen Staudensellerie
5 Zweige glatte Petersilie
10 Cocktailtomaten
3 EL kaltgepresstes Olivenöl
5 EL kräftige vegetarische Gemüsebrühe (aus Instantpulver)

Für den Dip:
125 g Sahnedickmilch
1 Knoblauchzehe
1 TL Kräutersalz
20 schwarze Oliven (entsteint)

● Für 2 Personen
● Zubereitungszeit:
ca. 1 $^1/_2$ Stunden
● ca. 620 kcal je Portion

TIPP

Die Artischocken essen Sie, indem Sie die Blätter von außen her abzupfen und mit der fleischigen Unterseite in den Dip tauchen. Fahren Sie auf diese Weise fort, bis Sie zum „Heu" in der Mitte der Blüte vordringen. Schaben Sie es mit einem Löffel ab, und essen Sie den Artischockenboden zuletzt. Er gilt als der edelste Teil dieses Gemüses.

Kartoffelgratin mit Ziegenkäse und Pinienkernen ⩜

1. Den Knoblauch und die Zwiebel schälen. Eine Auflaufform mit der Knoblauchzehe ausreiben. Die Zwiebel fein würfeln.

2. Die Kartoffeln schälen. Die Zucchini waschen und putzen. Beides in 3 mm dünne Scheiben schneiden. Den Käse in kleine Würfel schneiden.

3. Den Backofen auf 200°C vorheizen. Kartoffel-, Gemüse- und Käsestücke abwechselnd in die Auflaufform setzen.

4. Die Sahne und die Brühe in einer kleinen Schüssel mit Kräutersalz, Cayennepfeffer, Muskat und Thymian verquirlen. Die Sauce sehr kräftig abschmecken und anschließend auf die eingeschichteten Zutaten gießen.

5. Zuletzt die Pinienkerne über das Gratin streuen und das Ganze im vorgeheizten Ofen etwa 45 Minuten garen.

ZUTATEN

1 Knoblauchzehe
1 kleine Zwiebel
400 g gegarte Pellkartoffeln
1 Zucchini (ca. 200 g)
150 g Ziegenkäse
(60% Fett i. Tr.)
100 g Sahne
200 ml vegetarische Gemüsebrühe (aus Instantpulver)
etwas Kräutersalz
etwas Cayennepfeffer
2 Msp. geriebene Muskatnuss
1 TL Thymianblätter
2 EL Pinienkerne

● **Für 2 Personen**
● **Zubereitungszeit:**
  ca. 1 Stunde
● **ca. 690 kcal je Portion**

TIPP

Dazu passt Feldsalat mit Tomatenwürfelchen und einer Vinaigrette aus Molkosan und Olivenöl.

Rohgeröstete Kartoffeln mit Matjestatar, Lachs und saurer Sahne ◣

1. Die Matjesfilets waschen, trockentupfen und in dünne Streifen schneiden. Diese danach fein würfeln. Den Fisch in eine Schüssel geben.

2. Die Zwiebel schälen und fein würfeln. Den Schnittlauch waschen, trockentupfen und in feine Röllchen schneiden. Beides zu den Matjes geben und alles gut vermischen.

3. Den Lachs in dünne Streifen schneiden. Den Dill waschen, trockentupfen und hacken. Ihn mit dem Ingwer und dem Lachs vermischen. Matjestatar und Lachs zugedeckt kühlstellen.

4. Die Kartoffeln waschen und schälen. Danach grob reiben und in einer Schüssel mit den Eigelben vermengen. Das Ganze mit Meersalz und Muskat pikant abschmecken.

5. Das Öl in einer großen Pfanne erhitzen und mit einem Löffel kleine Taler aus der Kartoffelmasse in die Pfanne geben. Bei mittlerer Hitze von beiden Seiten goldgelb braten.

6. Die Kartoffelplätzchen mit dem Lachs und dem Matjestatar auf 2 Tellern anrichten. Von der sauren Sahne mit einem Löffel Nocken abstechen und diese neben den Fisch geben. Die Tomaten waschen und auf den Tellern verteilen.

ZUTATEN

2 Matjesfilets
1 kleine, rote Zwiebel
$^1/_2$ Bund Schnittlauch
200 g geräucherter Lachs (in Scheiben)
$^1/_2$ Bund Dill
1 Msp. Ingwerpulver
350 g große, fest kochende Kartoffeln
2 Eigelb
etwas Meersalz
etwas frisch geriebene Muskatnuss
4 EL kaltgepresstes Olivenöl
150 g saure Sahne
6 Cocktailtomaten

● **Für 2 Personen**
● **Zubereitungszeit: ca. 40 Minuten**
● **ca. 820 kcal je Portion**

Knusprige Kartoffel-spalten mit zweierlei Quark ʎ

1. Den Ofen auf 180°C vorheizen. Die Kartoffeln gründlich waschen, abbürsten und unge-schält in etwa 2 cm dicke Spalten schneiden.

2. Öl, Kräutersalz, Cayennepfeffer und Paprikapulver in einer klei-nen Schüssel zu einer Marinade verrühren. Die Kartoffelspalten an den Schnittflächen damit einpin-seln. Die Stücke danach mit der Schalenseite nach unten auf ein Backblech setzen.

3. Die Kartoffeln im Ofen 35 bis 40 Minuten backen. In der Zwi-schenzeit den Quark in eine Schüssel geben. Ihn mit Salz abschmecken und mit dem Mine-ralwasser glatt rühren. Das Ganze auf 2 Schüsseln verteilen.

4. Die Radieschen und die Radies-chensprossen waschen. Die Spros-sen in ein Sieb geben und gut abtropfen lassen. Die Radieschen putzen und in 3 mm dicke Schei-ben schneiden. Diese anschlie-ßend in Stifte schneiden und

unter eine Hälfte des Quarks heben.

5. Die Salatgurke waschen, schälen und anschließend genau wie die Radieschen in kleine Stifte schneiden. Die Kräuter waschen, trockentupfen und die groben Stiele entfernen. Die Blätter sehr fein hacken und zusammen mit den Gurkenstücken unter den zweiten Quark heben.

ZUTATEN

450 g kleine, fest kochende Kartoffeln
3 EL kaltgepresstes Olivenöl
etwas Kräutersalz
1 Msp. Cayennepfeffer
etwas Paprikapulver, edelsüß
250 g Quark (20% Fett i.Tr.)
etwas Meersalz
6 EL Mineralwasser
10 Radieschen
3 EL Radieschensprossen
1 Stück Salatgurke (ca. 6 cm)
1/2 Bund Dill
5 Borretschblätter

● **Für 2 Personen**
● **Zubereitungszeit:**
   ca. 40 Minuten
● **ca. 440 kcal je Portion**

6. Nach etwa 35 Minuten Backzeit der Kartoffeln prüfen, ob sie bereits gar sind. Sie anschließend auf 2 Teller verteilen und die beiden Quarksorten daneben anrichten. Den Radieschenquark mit den Sprossen und dünnen Radieschenscheiben garnieren und den Gurkenquark mit frischen Kräutern anrichten.

TIPPS

- Essen Sie vorher einen Teller neutralen Salat.
- Im Sommer können Sie den Radieschenquark auch mit Kapuzinerkresseblüten und den Gurkenquark mit Borretschblüten garnieren.

Pellkartoffeln mit Kräuterquark

1. Die Kartoffeln waschen und in 18 bis 20 Minuten als Pellkartoffeln garen.

2. In der Zwischenzeit die Kräuter waschen, trockenschütteln, gut verlesen und sehr fein hacken. Die Zwiebel schälen und fein würfeln.

3. Quark mit Kräutersalz und dem Mineralwasser cremig rühren. Die gehackten Kräuter und die Zwiebelwürfel darunter mischen.

4. Die Pellkartoffeln zusammen mit dem Quark servieren.

ZUTATEN

400 g kleine neue Kartoffeln
3 – 4 EL gemischte frische
Kräuter (z.B. Dill, Kerbel,
Borretsch, Petersilie)
1 kleine Zwiebel
250 g Quark (20% Fett i.Tr.)
etwas Kräutersalz
5 EL Mineralwasser

- Für 2 Personen
- Zubereitungszeit:
  ca. 25 Minuten
- ca. 310 kcal je Portion

TIPP

Essen Sie vorweg einen Salat aus der neutralen Gruppe.

Sommergemüse mit Kartoffeln vom Blech ◖

1. Den Backofen auf 200°C vorheizen. Die Kartoffeln waschen und mit einer Bürste kräftig abreiben. Sie anschließend der Länge nach halbieren.

2. Ein Backblech mit der Hälfte des Öles bestreichen, etwas Kümmel darauf verteilen und die Kartoffeln mit der Schnittfläche auf das Blech setzen. Das Ganze auf der mittleren Schiene in den vorgeheizten Ofen schieben und etwa 10 Minuten backen.

3. In der Zwischenzeit das Gemüse waschen und putzen. Die Paprikaschoten halbieren, entkernen und das Fruchtfleisch in etwa 3 cm große Stücke schneiden. Die Aubergine etwa 2 cm groß würfeln und die Zucchini in $^1/_2$ cm dicke Scheiben schneiden.

4. Die Schalotten und den Knoblauch schälen. Die Schalotten in dünne Spalten schneiden und den Knoblauch fein hacken. Beides mit dem Gemüse in eine Schüssel geben.

5. Das restliche Olivenöl und die Kräuter zu dem Gemüse und dem Knoblauch geben. Alles in der Schüssel mischen und mit dem Kräutersalz würzen. Die Gemüsemischung nach etwa 10 Minuten Garzeit der Kartoffeln (je nach Dicke der Kartoffeln ist die Garzeit eventuell 5 Minuten länger) auf diesen verteilen. Alles im Ofen weitere 20 Minuten backen.

ZUTATEN

400 g kleine, fest kochende Kartoffeln
3 EL kaltgepresstes Olivenöl
2 TL Kümmelsamen
1 rote Paprikaschote
1 gelbe Paprikaschote
1 Zucchini (ca. 200 g)
1 kleine Aubergine (ca. 200 g)
3 Schalotten
1 Knoblauchzehe
$^1/_4$ TL Thymian
$^1/_4$ TL Rosmarin
1 TL Kräutersalz
125 g Joghurt (3,5% Fett)
3 EL saure Sahne
2 Zweige frische Minze
etwas Meersalz

● Für 2 Personen
● Zubereitungszeit: ca. 35 Minuten
● ca. 480 kcal je Portion

6. In der Zwischenzeit den Joghurt und die Sahne in eine Schüssel geben und cremig rühren. Die Minze waschen, trockentupfen und die Blätter von den Stielen zupfen. Sie danach in feine Streifen schneiden und zu dem Joghurt geben. Das Ganze mit Kräutersalz abschmecken.

7. Das Gemüse und die Kartoffeln nach 30 bis 35 Minuten aus dem Ofen nehmen und zusammen mit der Sauce servieren.

Getreideauflauf ◣

1. Den Grünkern über Nacht in kaltem Wasser einweichen. Im Einweichwasser mit der Gemüsebrühe etwa 30 Minuten garen.

2. Das Gemüse vorbereiten. Das Fett in einer Pfanne erhitzen. Den Lauch und die Zwiebel darin glasig andünsten. Die in Blätter geschnittenen Champignons und den Paprika hinzufügen.

3. Den gut abgetropften Grünkern untermischen.

4. Mit Knoblauch, Curry, Muskat, Gemüsebrühe, Majoran (evtl. auch Kardamom) abschmecken. Weitere 15 Minuten bei schwacher Hitze köcheln lassen.

5. Mit der Sahne verfeinern. Zum Schluss mit Käsestreifen belegen. Nochmals zugedeckt leicht erhitzen, bis der Käse ganz geschmolzen ist.

ZUTATEN

50 g Grünkernkörner
$^1\!/_2$ TL Gemüsebrühe
200 g Lauch
1 gewürfelte Zwiebel
125 g Champignons
1 rote Paprika
1 TL Pflanzenfett
1 Knoblauchzehe
1 TL Curry
1 Msp. Muskat
1 TL Gemüsebrühe
je 1 Msp. Majoran
40 g süße Sahne
30 g Rahmgouda
(60% Fett i. Tr.)

● **Für 1 Person**
● **Zubereitungszeit:**
  ca. 50 Minuten
● **Quellzeit: über Nacht**
● **ca. 520 kcal je Portion**

Reispfanne nach Bauernart

1. Den Reis in ½ Liter Wasser zugedeckt ungefähr 20 Minuten bei milder Hitze garen und anschließend abgießen.

2. In der Zwischenzeit die Möhren putzen, schälen und in dünne Scheiben schneiden. Die Austernpilze putzen, mit einem feuchten Tuch vorsichtig abreiben und in dünne Streifen schneiden.

3. Die Zwiebel schälen und in Ringe schneiden. Die Butter zerlassen und die Zwiebelringe darin glasig dünsten. Möhren und Pilze, sowie Mais und Erbsen (beides unaufgetaut) hinzufügen und unter Rühren kurz mitdünsten lassen. Die Gemüsebrühe angießen und im Anschluss alles bei geringer Hitze etwa 10 Minuten zugedeckt garen.

4. Den Reis zum Gemüse geben. Alles locker mischen und kurze Zeit ziehen lassen. Eventuell mit dem Kräutersalz nachwürzen.

ZUTATEN

120 g Naturreis (Rohgewicht)
250 g Möhren
300 g Austernpilze
1 große Zwiebel
2 EL Butter
100 g Mais (TK-Ware)
100 g Erbsen (TK-Ware)
125 ml Gemüsebrühe (aus Instantpulver)
etwas Kräutersalz

● **Für 2 Personen**
● **Zubereitungszeit: ca. 40 Minuten**
● **ca. 460 kcal je Portion**

Gedünsteter Endiviensalat mit Hüttenkäse und Gewürzkartoffeln

1. Die Kartoffeln waschen und in einen Topf geben. Sie zu ⅔ mit Wasser bedecken, salzen und den Kümmel hinzufügen. Alles einmal aufkochen und anschließend etwa 20 Minuten im geschlossenen Topf köcheln lassen.

2. In der Zwischenzeit die Zwiebel und den Knoblauch schälen und fein würfeln. Beides beiseite stellen. Den Salat waschen, putzen und in Streifen schneiden. Den Hüttenkäse in ein Sieb geben und abtropfen lassen.

3. Die Kartoffeln abschütteln und ausdämpfen lassen, sobald sie knapp gar sind. Noch heiß pellen und in 1,5 cm dicke Scheiben schneiden. Das Öl in einer Pfanne erhitzen und die Scheiben darin von beiden Seiten anbraten.

4. Die Butter in einem Topf erhitzen und die Zwiebel- und Knoblauchstücke darin anschwitzen. Den Salat dazugeben sobald die Zwiebeln glasig werden. Alles erhitzen und mit Kräutersalz und Muskat kräftig würzen. Das Gemüse zugedeckt kurz warm halten.

5. Sobald die Kartoffeln von beiden Seiten leicht gebräunt sind, Kreuzkümmel, Anis, Koriander, Kurkuma und Curry darüber geben und kurz mitbraten. Alles mit Salz nachwürzen.

6. Den Hüttenkäse unter den Salat mischen und mit den Kartoffeln auf 2 Teller anrichten.

ZUTATEN

450 g festkochende Kartoffeln
etwas Meersalz
$^1/_2$ TL Kümmelsamen
1 rote Zwiebel
1 Knoblauchzehe
300 g Endiviensalat
200 g körniger Hüttenkäse
3 EL Sesamöl
1 TL Butter
1 TL Kräutersalz
etwas frisch geriebene
Muskatnuss
2 Msp. Kreuzkümmelpulver
$^1/_2$ TL Anissamen
2 Msp. Korianderpulver
2 Msp. Kurkuma
2 Msp. Currypulver

● **Für 2 Personen**
● **Zubereitungszeit:**
  ca. 1 Stunde
● **ca. 470 kcal je Portion**

TIPP

Schneiden Sie den restlichen Endiviensalat in feine Streifen, und würzen Sie ihn mit einer Marinade aus Sonnenblumenöl, Wasser, Molkosan, Zwiebelwürfeln und Kräutersalz.

Apfelrisotto mit Rosinen, Pistazien und Mandeln ⚖

1. Die Zwiebel schälen und würfeln. Das Öl in einem Topf erhitzen und die Zwiebelstücke darin anschwitzen. Sobald sie glasig werden, den Reis dazugeben und kurz anbraten.

2. Den Curry darauf stäuben, unter Rühren ganz kurz mitrösten und dann mit der Brühe ablöschen. Kurkuma und Ingwer dazugeben und alles einmal aufkochen. Den Reis zugedeckt etwa 5 Minuten köcheln lassen.

3. In der Zwischenzeit die Apfelringe etwa 1 cm groß würfeln. Die Stücke nach etwa 5 Minuten mit den Rosinen in den Topf geben. Alles weitere 20 Minuten zugedeckt bei schwacher Hitze garen. Dabei einige Male umrühren.

4. Das Risotto sollte am Ende der Garzeit die Kochflüssigkeit gerade aufgesogen haben. Sollte noch zu viel Flüssigkeit im Topf sein, kurz vor Ende der Garzeit den Deckel öffnen und das Wasser verdampfen lassen. Sollte der Reis noch nicht gar sein, die Flüssigkeit jedoch schon komplett aufgenommen sein, geben Sie Esslöffelweise noch etwas Wasser dazu.

5. Die Mandeln halbieren. Das Risotto je nach Geschmack noch mit etwas Meersalz abschmecken und auf 2 Tellern anrichten. Die Pistazien und die Mandeln darauf verteilen.

ZUTATEN

1 kleine Zwiebel
2 EL Sonnenblumenöl
120 g Vollkorn-Basmati-Reis
$1/2$ TL Currypulver
300 ml vegetarische Gemüsebrühe (aus Instantpulver)
$1/2$ TL Kurkuma
$1/4$ TL Ingwerpulver
6 ungeschwefelte, getrocknete Apfelringe
2 EL ungeschwefelte Rosinen
etwas Meersalz
10 geschälte Mandeln
2 EL geschälte Pistazien

- **Für 2 Personen**
- **Zubereitungszeit: ca. 1 Stunde**
- **ca. 620 kcal je Portion**

Wenn man keinen Basmatireis hat, kann man auch normalen Rundkornreis (auch als Milchreis bezeichnet) verwenden. Er kocht weicher, das Gericht wird eher breiig als körnig.

Den Reis können Sie auch gut kalt essen. Mischen Sie dafür Pistazien und Mandeln darunter, geben Sie das Ganze in Schälchen und lassen Sie es erkalten. Dann können Sie den Reis auf kleine Tellerchen stürzen.

Bunter Reiseintopf

1. Den Reis in 175 ml Wasser im geschlossenen Topf etwa 20 Minuten bei milder Hitze garen, anschließend abgießen. In der Zwischenzeit das Suppengrün putzen, gründlich waschen und in feine Würfel schneiden. Dann die Butter schmelzen lassen.

2. Das Suppengrün in der Butter andünsten. Die Erbsen hinzufügen und kurz mitdünsten. Die Brühe unter Rühren dazugießen, den Topf schließen und 15 Minuten köcheln.

3. Reis hinzufügen, erwärmen und mit dem Liebstöckel würzen. Sahne mit dem Eigelb und etwas Suppenbrühe cremig verschlagen. Suppe vom Herd nehmen und die Eigelb-Sahne-Mischung unterrühren.

ZUTATEN

50 g Naturreis (Rohgewicht)
1 Bund Suppengrün
1 EL Butter
50 g Erbsen (TK-Ware)
300 ml Gemüsebrühe
1 TL Liebstöckel
40 g süße Sahne
1 frisches Eigelb

- Für 1 Person
- Zubereitungszeit: ca. 30 Minuten
- ca. 620 kcal je Portion

Süße Reisfladen ⚖

1. Den Reis in 250 ml Wasser bei milder Hitze unter ständigem Rühren ungefähr 25 Minuten garen, anschließend abgießen.

2. Die Sahne, die Rosinen, den Zimt und die Frutilose hinzufügen und das Risotto zum Abkühlen beiseite stellen.

3. Die Hälfte der Butter in einer Pfanne zerlassen und die Hälfte der Mandeln darin anrösten. Die Hälfte des kalten Risottos hinzufügen und in der Pfanne flach drücken.

4. Den Reisfladen bei mittlerer Hitze einige Minuten knusprig braten. Dann wenden und ihn auf der anderen Seite ebenfalls einige Minuten braten. Den zweiten Fladen ebenso zubereiten.

ZUTATEN

120 g Naturrundkornreis (Rohgewicht)
50 g süße Sahne
70 g ungeschwefelte Rosinen
$1/2$ TL Zimt
5 EL Frutilose (Reformhaus)
60 g Butter
4 EL gehackte Mandeln

● **Für 2 Personen**
● **Zubereitungszeit:**
  ca. 45 Minuten
● **Kühlzeit: ca. 1 Stunde**
● **ca. 720 kcal je Portion**

Grünkernplätzchen mit Sauerrahmsauce und Roten Beten ⚖

1. Das Schrot in einen kleinen Topf geben, die Gemüsebrühe darüber gießen und das Getreide etwa 10 Minuten quellen lassen.

2. In der Zwischenzeit die roten Beten waschen und unversehrt in einen kleinen Topf geben. Sie knapp mit Wasser bedecken und einmal aufkochen. Das Gemüse danach bei schwacher Hitze etwa 25 Minuten zugedeckt garen.

3. Das Schrot einmal aufkochen. Den Topf vom Herd nehmen und das Getreide zugedeckt 10 Minuten quellen lassen. Währenddessen die Frühlingszwiebeln waschen, putzen und in feine Ringe schneiden.

4. Das leicht abgekühlte Grünkernschrot mit dem Thymian, den Frühlingszwiebeln und den Eigelben vermischen und alles mit Salz abschmecken.

5. 1 Esslöffel Öl in einer Pfanne erhitzen und mit einem Löffel kleine, runde Teigplätzchen in die Pfanne setzen. Diese bei mittlerer Hitze goldbraun braten. Den gesamten Teig so zubereiten und das restliche Olivenöl dabei nach und nach in die Pfanne geben.

6. In der Zwischenzeit die fertig gegarten roten Beten abschütten und abschrecken. Die Haut unter fließendem Wasser mit den Händen von den Knollen abdrücken. Das Fleisch in dünne Scheiben schneiden.

7. Die saure Sahne in einer kleinen Schüssel glatt rühren. Den Dill waschen, trockentupfen und die dicken Stiele entfernen. Das Grün sehr fein schneiden und mit etwas Salz unter die saure Sahne mischen.

8. Die roten Beten und die Grünkernplätzchen auf 2 Tellern verteilen und die Sauerrahmsauce daneben anrichten.

ZUTATEN

120 g Grünkernschrot
250 ml vegetarische Gemüsebrühe (aus Instantpulver)
4 rote Beten (ca. 600 g)
2 Frühlingszwiebeln
$^1/_2$ TL Thymian
2 Eigelb
etwas Meersalz
2 EL kaltgepresstes Olivenöl
200 g saure Sahne
$^1/_2$ Bund Dill

● **Für 2 Personen**
● **Zubereitungszeit:**
ca. 1 Stunde
● **ca. 700 kcal je Portion**

Hirsotto ▲

1. Die Hirse heiß waschen und im heißen Fett mit der Zwiebel kurz andünsten. Mit $^1/_2$ Liter Wasser auffüllen und mit der Gemüsebrühe würzen.

2. Die Möhre in Würfel, den Lauch und die Champignons in dünne Scheiben schneiden und alles zusammen mit den Erbsen zur Hirse geben. 20 bis 25 Minuten bei kleiner Flamme garen.

3. Mit den Gewürzen abschmecken. Zum Verfeinern des Hirsottos die Sahnedickmilch unterrühren und mit der Petersilie bestreut servieren.

ZUTATEN

40 g Hirse (Rohgewicht)
1 TL Pflanzenfett
1 gewürfelte Zwiebel
1 TL Gemüsebrühe
1 mittelgroße Möhre
1 kleine Stange Lauch
100 g Champignons
1 EL Erbsen
je 1 Msp. Liebstöckel,
Rosmarin und Majoran
40 g Sahnedickmilch

● Für 1 Person
● Zubereitungszeit:
  ca. 50 Minuten
● ca. 440 kcal je Portion

Petersiliengnocchi mit Lauch ▲

1. Die Kartoffeln waschen, in etwas Wasser gar kochen, schälen und abkühlen lassen.

2. Den Lauch gründlich waschen, putzen und in feine Streifen schneiden. Den Knoblauch schälen und durch die Presse drücken.

3. Die Kartoffeln durch ein feinmaschiges Sieb passieren oder durch die Kartoffelpresse drücken. Die Masse mit Eigelb, Mehl, Petersilie, Muskat und Kräutersalz verkneten.

4. In einem zweiten Topf sehr wenig Wasser aufkochen und den Lauch sowie den Knoblauch hineingeben.

5. Beides kurz andünsten und dann bei kleiner Hitze zugedeckt 6 bis 8 Minuten garen. Die Kräuter und den zerbröckelten Schafskäse dazugeben und den Käse leicht schmelzen lassen.

6. Inzwischen für die Gnocchi etwa 2 l leicht gesalzenes Wasser in einem Topf zum Kochen bringen. Aus dem Kartoffelteig kleine ovale Bällchen formen und diese mit einer Gabel flachdrücken.

7. Nun die Gnocchi in das kochende Wasser geben. Die Hitze reduzieren und die Gnocchi in leicht siedendem Wasser etwa 3 Minuten gar ziehen lassen, bis sie oben schwimmen. Die Gnocchi mit dem Gemüse servieren.

ZUTATEN

400 g mehligkochende Kartoffeln
500 g Lauch
1 Knoblauchzehe
1 Eigelb
2 EL Weizenvollkornmehl
2 EL gehackte Petersilie
1 Msp. geriebene Muskatnuss
etwas Kräutersalz
1 EL gehackter Estragon
1 EL gehackter Kerbel
75 g in Lake eingelegter Schafskäse (Feta)
etwas Meersalz

● **Für 2 Personen**
● **Zubereitungszeit: ca. 1 Stunde**
   Abkühlzeit: ca. 1 Stunde
● **ca. 360 kcal je Portion**

TIPP

Die Gnocchi können Sie vorbereiten und erst am nächsten Tag kochen.

Nudeln mit Pilz-Sahne-Sauce

1. Die Pilze putzen, wenn nötig, waschen und zerkleinern. Die Zwiebel schälen und fein würfeln.

2. Die Butter in einer Pfanne schmelzen lassen und die Zwiebelwürfel darin glasig dünsten. Die Pilze hinzufügen und bei mittlerer Hitze mit anbraten.

3. Die Gemüsebrühe dazugießen und das Ganze in der geschlossenen Pfanne 20 bis 25 Minuten köcheln lassen.

4. Zwischenzeitlich die Nudeln in leicht gesalzenem Wasser in etwa 10 Minuten bissfest garen. Dann abgießen.

5. Die Pilzsauce mit der Sahne und der Petersilie verfeinern und alles zusammen mit den Nudeln servieren.

ZUTATEN

350 g Champignons, Pfifferlinge oder andere Pilze
1 Zwiebel
30 g Butter
250 ml Gemüsebrühe (aus Instantpulver)
120 g Vollkornnudeln (Rohgewicht)
etwas Meersalz
80 g süße Sahne
3 EL gehackte Petersilie

● **Für 2 Personen**
● **Zubereitungszeit: ca. 45 Minuten**
● **ca. 400 kcal je Portion**

Nudeln in Steinpilzsauce ҝ

1. Die Pilze putzen, mit einem feuchten Tuch abreiben und in dünne Scheiben schneiden. Die Zwiebel schälen und fein würfeln.

2. Die Nudeln in leicht gesalzenem Wasser bissfest garen. Dann abgießen, kurz mit kaltem Wasser überbrausen und gut abtropfen lassen.

3. Während die Nudeln kochen, die Butter in einem Topf erhitzen und die Zwiebeln darin glasig dünsten. Die Pilze dazugeben und unter Rühren so lange braten, bis die austretende Flüssigkeit verdampft ist.

4. Die Pilze mit dem Kräutersalz würzen. Das Grünkernmehl darüber streuen und unter Rühren etwas anschwitzen lassen. $^1/_4$ Liter warmes Wasser angießen und die Pilze bei schwacher Hitze einige Minuten offen köcheln lassen. Mit der Sahne verfeinern.

5. Die Sauce zusammen mit den Nudeln anrichten. Mit der gehackten Petersilie bestreuen.

ZUTATEN

500 g frische Steinpilze
1 Zwiebel
120 g Vollkornbandnudeln (Rohgewicht)
etwas Meersalz
30 g Butter
1 $^1/_2$ TL Kräutersalz
2 EL feines Grünkernvollkornmehl
50 g süße Sahne
2 EL gehackte Petersilie

● **Für 2 Personen**
● **Zubereitungszeit: ca. 45 Minuten**
● **ca. 410 kcal je Portion**

Überbackene Käsespätzle

1. Die Nudeln in reichlich leicht gesalzenem Wasser bissfest garen, anschließend abgießen,, kalt abschrecken und gut abtropfen lassen.

2. In der Zwischenzeit die Zwiebel schälen, halbieren und in feine Ringe schneiden. Butter in einer Pfanne schmelzen lassen und die Zwiebelringe darin andünsten. Den Backofen auf 180°C vorheizen.

3. Die Nudeln zu den Zwiebeln geben und alles unter Rühren leicht anbraten. Die Mischung in eine entsprechend große Auflaufform füllen, mit dem Käse belegen und das Ganze auf der mittleren Schiene etwa 15 Minuten überbacken.

4. Die Käsespätzle aus dem Ofen nehmen, kurz ruhen lassen und dann mit der Petersilie bestreuen.

ZUTATEN

140 g Vollkornspätzle (Rohgewicht)
etwas Meersalz
1 Gemüsezwiebel
30 g Butter
120 g Butterkäse (mind. 60% Fett i.Tr.) in Scheiben
3 EL gehackte glatte Petersilie

● **Für 2 Personen**
● **Zubereitungszeit: ca. 45 Minuten**
● **ca. 600 kcal je Portion**

Scharfes Gemüsesauté mit Sesam und frischem Koriander ●

1. Die Hirse in ein Sieb geben und unter heißem Wasser abspülen. Mit der Gemüsebrühe in einen Topf geben und zugedeckt 25 bis 30 Minuten köcheln lassen.

2. Erbsen, Paprikaschote, Mangold und Zucchini waschen und putzen. Die Schalotten, den Knoblauch und den Ingwer schälen. Den Koriander waschen und trockentupfen.

3. Die Mangoldblätter in 2 cm breite Streifen schneiden. Die Paprikaschote halbieren, entkernen und das Fruchtfleisch 3 cm groß würfeln. Die Zucchini in $^1/_2$ cm dicke Scheiben schneiden. Die Schalotten in Spalten schneiden.

4. Den Knoblauch zusammen mit dem Ingwer fein hacken. Vom Koriander einige Blätter zur Seite legen und den Rest ebenfalls fein hacken.

5. Das Sesamöl in einer großen Pfanne erhitzen und zuerst die Schalotten darin anbraten. Kurz danach Zucchini, Erbsen, Knoblauch und Ingwer hinzufügen. Alles etwa 3 Minuten bei mittlerer Hitze unter Rühren anbraten.

6. Die Mangoldstreifen und die Brühe dazugeben, die Pfanne zudecken und das Ganze weitere 5 Minuten garen. Die Hirse unter das Gemüse mischen und mit dem gehackten Koriander bestreuen. Alles mit etwas Meersalz und der Chilisauce abschmecken.

7. Das Gericht auf 2 Teller verteilen und mit den Korianderblättchen und dem Sesam garnieren.

ZUTATEN

100 g Hirse
400 ml vegetarische Gemüsebrühe (aus Instantpulver)
100 g Zuckererbsenschoten
1 rote Paprikaschote
4 große Mangoldblätter
1 Zucchini (ca. 150 g)
4 Schalotten
1 Knoblauchzehe
1 Stück frischer Ingwer (ca. 1 cm)
6 Zweige Koriandergrün
2 EL Sesamöl
4 EL vegetarische Gemüsebrühe (aus Instantpulver)
2 EL süße Chilisauce
etwas Meersalz 1
EL Sesamsamen

● **Für 2 Personen**
● **Zubereitungszeit: ca. 25 Minuten**
● **ca. 460 kcal je Portion**

Gurken-Paprika-Gemüse (Beilage)

1. Die Gurke schälen, der Länge nach halbieren und die Kerne mit einem Löffel sorgfältig herausschaben. Anschließend dann die Gurke in nicht zu große Würfel schneiden.

2. Die Paprikaschote halbieren, das Kerngehäuse entfernen, die Paprikateile waschen und würfeln.

3. Die Zwiebel schälen und in schmale Spalten schneiden. Das Öl in einer großen Pfanne erhitzen und die Zwiebelspalten sowie Paprikawürfel darin andünsten und die Gurkenwürfel hinzufügen. Die Brühe angießen und alles zugedeckt etwa 15 Minuten garen.

4. Zuletzt die Sahne unter das Gemüse rühren und den Dill darüber streuen.

ZUTATEN

1 kleine reife Schmorgurke (ca. 300 g)
1 rote Paprikaschote
1 Zwiebel
1 ¹/₂ TL kaltgepresstes Sonnenblumenöl
80 ml Gemüsebrühe (aus Instantpulver)
40 g süße Sahne
2 EL gehackter Dill

● **Für 1 Person**
● **Zubereitungszeit: ca. 25 Minuten**
● **ca. 310 kcal je Portion**

Gedämpftes Gemüse mit Kräuterhüttenkäse ●

1. Das Gemüse gründlich waschen und putzen. Brokkoli und Blumenkohl in mundgerechte Röschen zerteilen. Die Stiele schälen und 2 cm groß würfeln. Die Karotten schälen und in ¹/₂ cm dicke Stifte schneiden.

2. Von den Frühlingszwiebeln die Hälfte des Grüns abschneiden und zur Seite legen. Die Zwiebeln der Länge nach halbieren. Den Staudensellerie schräg in 2 cm breite Stücke schneiden.

3. Den Boden eines großen Topfes etwa 3 cm hoch mit Wasser bedecken und dieses zum Kochen bringen. Ein Dämpfsieb hineinstellen und zuerst den Blumenkohl und dann die Karotten hineingeben. Den Topf gut verschließen. Nach etwa 5 Minuten Garzeit den Brokkoli hinzufügen und weitere 5 Minuten zugedeckt garen.

4. In der Zwischenzeit das Frühlingszwiebelgrün in feine Ringe schneiden. Die Kresse kurz abspülen, mit einer Schere abschneiden und etwa 1 Esslöffel beiseite stellen. Den Rest zusammen mit den Zwiebelringen und dem Hüttenkäse in eine Schüssel geben. Das Ganze mischen und mit Meersalz und Paprika würzen.

5. Den Sellerie zu dem Blumenkohl und dem Brokkoli geben und weitere 3 Minuten garen. Die halbierten Frühlingszwiebeln hinzufügen und noch ungefähr 5 Minuten mitdämpfen.

6. Das gegarte Gemüse aus dem Topf nehmen und auf 2 Teller verteilen. Den angemachten Hüttenkäse daneben anrichten und mit der beiseite gelegten Kresse garnieren.

ZUTATEN

200 g Brokkoli
200 g Blumenkohl
2 Karotten (ca. 200 g)
1 Bund möglichst dünne Frühlingszwiebeln
4 Stangen Staudensellerie
1 Kästchen Kresse
350 g körniger Hüttenkäse
etwas Meersalz
etwas Rosenpaprika

● **Für 2 Personen**
● **Zubereitungszeit:**
   ca. 45 Minuten
● **ca. 240 kcal je Portion**

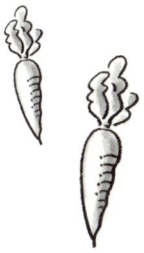

Weißkohl in Dillsahne

1. Den Weißkohl waschen, putzen, vierteln und den Strunk herausschneiden. Den Kohl in feine Streifen schneiden oder mit einem Schnitzelwerk grob raspeln. Die Zwiebeln schälen und würfeln. Das Öl in einem weiten Topf erhitzen und die Zwiebeln und den Kohl darin andünsten. Beides salzen und bei kleiner Hitze zugedeckt etwa 15 Minuten dünsten.

2. Den Dill waschen, von den Stielen zupfen und fein schneiden. Sahne und Dill zum gegarten Kohl geben und unterrühren.

ZUTATEN

600 g Weißkohl
2 Zwiebeln
2 EL kaltgepresstes Olivenöl
etwas Meersalz
1 Bund Dill
100 g süße Sahne

● **Für 2 Personen**
● **Zubereitungszeit:**
  ca. 30 Minuten
● **ca. 320 kcal je Portion**

TIPP

Wenn Sie Pellkartoffeln zu diesem neutralen Gericht servieren, wird daraus ein Hauptgericht aus der Kohlenhydratgruppe.

Leipziger Allerlei (Beilage)

1. Den Spargel von oben nach unten sorgfältig schälen und die Enden kürzen. Dann die Stangen in etwa 4 cm lange Stücke schneiden.

2. Blumenkohl waschen, putzen und in kleine Röschen zerteilen.

3. Die Möhren putzen, schälen und in dünne Scheiben schneiden. Die Erbsen aus den Schoten pulen.

4. In einem mittelgroßen Topf reichlich Wasser zum Kochen bringen. Leicht salzen und das vorbereitete Gemüse hinzufügen. Zugedeckt in etwa 15 Minuten bei mittlerer Hitze bissfest garen.

5. Dann das Gemüse mit einem Schaumlöffel herausheben und mit der Kräuterbutter belegt anrichten.

ZUTATEN

300 g Spargel
¹/₂ kleiner Blumenkohl
200 g Möhren
250 g Erbsen in der Schote
etwas Meersalz
50 g Kräuterbutter

● **Für 2 Personen**
● **Zubereitungszeit:**
  ca. 40 Minuten
● **ca. 280 kcal je Portion**

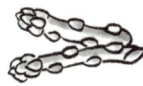

Junge Erbsen (Beilage)

1. Die Erbsen enthülsen. Die Zwiebel schälen und fein hacken. Die Butter in einem Topf schmelzen lassen. Die Zwiebeln darin andünsten und dann die Erbsen hinzufügen. Das Gemüse mit dem Salz abschmecken.

2. Nun 125 ml kochendes Wasser angießen und alles zugedeckt bei geringer Hitze etwa 18 Minuten garen.

3. In der Zwischenzeit den Salat putzen, waschen und in breite Streifen schneiden. Diese zu den Erbsen geben und alles noch ungefähr 5 Minuten leicht köcheln lassen. Das Ganze zum Schluss mit der gehackten Petersilie bestreuen.

ZUTATEN

800 g Erbsen (ersatzweise
500 g TK-Erbsen)
1 kleine Zwiebel
1 EL Butter
etwas Meersalz
15 Blätter Endiviensalat
3 EL gehackte Petersilie

● **Für 2 Personen**
● **Zubereitungszeit:**
  ca. 30 Minuten
● **ca. 180 kcal je Portion**

Marinierte Zucchini (Beilage) Ⓝ

1. Die Zucchini waschen, putzen, in Scheiben schneiden und das Gemüse in kochendem Salzwasser 2 bis 3 Minuten dünsten. Anschließend mit einer Schöpfkelle herausnehmen und leicht abkühlen lassen.

2. In der Zwischenzeit aus Molkekonzentrat, Öl, Kräutersalz und Frutilose eine Marinade rühren und diese mit dem Wasser verdünnen. Nach Belieben eine Knoblauchzehe durch die Presse dazudrücken.

ZUTATEN

**300 g Zucchini
etwas Meersalz
1 EL Molkosan (aus dem Reformhaus)
2 EL kaltgepresstes Olivenöl
etwas Kräutersalz
1 TL Frutilose (Reformhaus)
1 Knoblauchzehe
2 Stängel Thymian**

- **Für 1 Person**
- **Zubereitungszeit: ca. 10 Minuten**
- **ca. 270 kcal je Portion**

3. Die Zucchinischeiben in die Marinade geben und mit dem abgezupften Thymian garnieren.

Gefüllte Paprikaschoten Ⓔ

1. Die grünen Paprikaschoten waschen und die Deckel abschneiden. Die Schoten dann entkernen und die Trennwände sorgfältig herausschneiden.

2. Die Möhren waschen, schälen und reiben. Die Zwiebel schälen und würfeln.

3. Das Hackfleisch in eine Schüssel geben und mit dem Ei, Kräutersalz, den Möhrenraspeln sowie Zwiebelwürfeln mischen. Die Masse in die Paprikaschoten füllen.

4. Das Öl in einem Schmortopf nicht zu stark erhitzen und die Paprikaschoten darin leicht anschmoren lassen. Den Wein dazugießen und das Ganze zugedeckt etwa 15 Minuten köcheln.

5. In der Zwischenzeit die Tomaten über Kreuz einritzen, kurz überbrühen, abschrecken und enthäuten. Sie dann halbieren, entkernen und die Stielansätze herausschneiden. Das Fruchtfleisch pürieren.

2 grüne Paprikaschoten
2 Möhren
1 Zwiebel
300 g Lammhackfleisch
1 Ei
etwas Kräutersalz
1 EL Sonnenblumenöl
125 ml Rotwein
2 Tomaten
1 rote Paprikaschote
1 TL gerebelter Rosmarin
1 $1/2$ TL Kräuter der Provence
1 EL Gemüsebrühe (aus Instantpulver)
1 Knoblauchzehe
70 g süße Sahne
einige Basilikumblättchen.

- Für 2 Personen
- Zubereitungszeit: ca. 45 Minuten
- ca. 610 kcal je Portion

6. Die rote Paprikaschote waschen, halbieren, entkernen und den Stielansatz herausschneiden. Das Fruchtfleisch in feine Streifen schneiden. Das Tomatenpüree und die Paprikastreifen in den Schmortopf zu den gefüllten Paprikaschoten geben und sehr vorsichtig umrühren.

7. Nun alles mit dem Rosmarin, den Kräutern der Provence sowie der Gemüsebrühe würzen. Den Knoblauch durch die Presse ebenfalls dazudrücken.

8. Das Gemüse 20 bis 25 Minuten leicht köcheln lassen. Dieses zum Schluss mit Sahne verfeinern und mit Basilikumblättchen hübsch garnieren.

TIPP

Wenn Sie die Paprikaschoten vegetarisch füllen, haben Sie ein Kohlenhydratgericht. Verwenden Sie gequollene Grünkernkörner, Kräuterfrischkäse und geraspeltes Gemüse wie Möhren, Sellerie und Zucchini. Das Ganze zu einer Masse zusammenrühren, kräftig würzen und in die Paprikaschoten füllen. Im Backofen zugedeckt schmoren lassen, dann nach Belieben mit (neutralem) Käse überbacken.

Mangold-Hackfleisch-Gratin **E**

1. Den Backofen auf 200°C vorheizen. Die Zwiebel schälen und fein würfeln. Das Fett in einer Pfanne erhitzen und Hackfleisch sowie Zwiebelwürfel darin unter Rühren krümelig braun anbraten. Das Ganze mit etwas Kräutersalz und Paprikapulver würzen.

2. Die Mangoldstiele putzen, waschen und in feine Streifen schneiden. Sie in etwas Wasser etwa 7 bis 8 Minuten dünsten.

3. Inzwischen die Tomate über Kreuz einritzen, kurz überbrühen, abschrecken, enthäuten und den Stielansatz herausschneiden. Die Tomate dann quer zum Stielansatz in Scheiben schneiden.

4. Schnittlauch und Schmand zum gegarten Mangold geben, umrühren und alles mit Kräutersalz würzen.

5. Den Mangold in eine flache Auflaufform (20 cm Ø) geben und das Hackfleisch darauf verteilen. Die Tomatenscheiben darauf legen. Das Gratin mit Käse bestreuen und im Backofen auf der mittleren Schiene etwa 20 Minuten überbacken.

ZUTATEN

1 Zwiebel
200 g Rinderhackfleisch
1 EL ungehärtetes Pflanzenfett (Reformhaus)
etwas Kräutersalz
$1/2$ TL mildes Paprikapulver
500 g Mangoldstiele (ohne Blattgrün)
1 große Tomate
3 EL Schnittlauchröllchen
1 EL Schmand (saure Sahne 24% Fett)
50 g geriebener mittelalter Gouda (45% Fett i. Tr.)

● **Für 2 Personen**
● **Zubereitungszeit: ca. 45 Minuten**
● **ca. 450 kcal je Portion**

TIPP

Statt Mangold können Sie auch frischen Blattspinat verwenden. Wenn Sie Lammhackfleisch bekommen, dann probieren Sie das Rezept einmal damit aus. Würzen Sie mit Pfeffer, Knoblauch und Thymian.

Klassischer Burgunderbraten E

1. Für die Marinade Zwiebel und Suppengrün putzen, Suppengrün waschen und alles in kleine Stücke schneiden. Mit Rotwein, Nelken, Rosinen, Lorbeerblatt und Wacholderbeeren mischen und mit der Brühe auffüllen. Die Marinade etwa 15 Minuten köcheln, dann abkühlen lassen und das Fleisch darin einlegen. Gelegentlich wenden und 1 bis 2 Tage ziehen lassen.

2. Das Fett in einem Bräter erhitzen. Das Fleisch aus der Marinade nehmen, kurz abtupfen und im heißen Fett rundherum scharf anbraten. Mit der Marinade ablöschen und zugedeckt bei mittlerer Hitze etwa 1 Stunde 30 Minuten schmoren lassen. Das Fleisch aus dem Bräter nehmen und Nelken, Lorbeerblatt und Wacholderbeeren entfernen.

3. Die Sauce mit dem Schneidstab pürieren und mit der Sahne verfeinern. Den Burgunderbraten in Scheiben schneiden, auf einer Platte anrichten und zusammen mit der Sauce servieren.

ZUTATEN

1 Zwiebel
1 Bund Suppengrün
200 ml Rotwein
2 Nelken
1 EL Rosinen
1 Lorbeerblatt
3 Wacholderbeeren
250 ml Gemüsebrühe (aus Instantpulver)
150 g Rinderbraten
1 EL ungehärtetes Pflanzenfett (Reformhaus)
40 g süße Sahne

● Für 1 Person
● Zubereitungszeit: ca. 1 Stunde 45 Minuten
● Marinierzeit: 1 – 2 Tage
● ca. 720 kcal je Portion

Fruchtiger Sauerkrautsalat mit Geflügelwürstchen E

1. Das Sauerkraut auf einem großen Brett grob hacken und in eine Schüssel geben. Die Trauben waschen, trockentupfen und von den Stielen zupfen. Die Früchte je nach Größe noch halbieren und zu dem Kraut geben.

2. Den Apfel waschen, mit einem Küchenhandtuch trockenreiben und vierteln. Das Kerngehäuse entfernen und das Fruchtfleisch 1 cm groß würfeln. Es sofort unter das Sauerkraut mischen, damit es sich nicht verfärbt.

3. Die Ananas schälen und den harten Strunk herausschneiden. Das Fruchtfleisch 1 cm groß würfeln und ebenfalls zu den restlichen Zutaten in die Schüssel geben. Den Salat mit Öl und Brühe vermischen und mit Salz würzen.

4. Die Würstchen in einem Topf in etwas Wasser erhitzen und zusammen mit dem Salat auf 2 Tellern anrichten.

ZUTATEN

400 g frisches Sauerkraut
150 g grüne, kernlose Trauben
1 säuerlicher Apfel
$^1/_2$ frische Ananas
2 EL kaltgepresstes Sonnenblumenöl
3 EL kräftige vegetarische Gemüsebrühe (aus Instantpulver)
etwas Meersalz
4 Kochwürstchen aus Geflügelfleisch

● **Für 2 Personen**
● **Zubereitungszeit: ca. 25 Minuten**
● **ca. 500 kcal je Portion**

Auberginenlasagne E

1. Die Tomaten über Kreuz einritzen und die Stielansätze herausschneiden. Sie für etwa 10 Sekunden in kochendes Wasser geben, abschrecken und enthäuten. Das Fruchtfleisch im Mixer pürieren.

2. Das Öl in einer Pfanne erhitzen. Das Hackfleisch darin krümelig anbraten. Sobald es von allen Seiten kräftig gebräunt ist, das Tomatenmus dazugeben und mit der Sahne verfeinern. Alles einmal aufkochen und dann vom Herd nehmen. Den Ofen auf 200°C vorheizen.

3. Das Basilikum waschen, trockentupfen, die Blätter abzupfen und fein hacken. Den Knoblauch schälen und durch eine Presse drücken. Beides zur Tomaten-Hackfleisch-Sauce geben und mit Kräutersalz sowie Cayennepfeffer kräftig würzen.

4. Die Aubergine waschen, putzen und der Länge nach in etwa 1 cm dicke Scheiben schneiden. Den Boden einer Auflaufform mit einer Schicht Auberginenscheiben auslegen. Einen Teil der Tomaten-Hackfleisch-Mischung sowie den Käse darauf verteilen.

5. Das Ganze wiederholen bis alle Zutaten verbraucht sind. Die letzte Schicht sollte aus Käse bestehen. Die Lasagne etwa 40 Minuten im Ofen garen.

ZUTATEN

8 reife Tomaten
1 ¹/₂ EL kaltgepresstes Olivenöl
300 g Rinder- oder Lammhackfleisch
100 ml Sahne
2 Zweige Basilikum
1 Knoblauchzehe
1 TL Kräutersalz
1 Msp. Cayennepfeffer
1 Aubergine (ca. 350 g)
125 g geriebener Käse

● **Für 2 Personen**
● **Zubereitungszeit:**
  ca. 1 ¹/₄ Stunde
● **ca. 840 kcal je Portion**

TIPP

Dazu passt ein Rucolasalat mit einer Vinaigrette aus Olivenöl und Zitronensaft.

Lammrückenfilet mit Nussbohnen E

1. Die Bohnen waschen, putzen und die Fäden dabei abziehen. Das Gemüse in einem Topf mit kochendem Salzwasser in 15 bis 18 Minuten gar kochen.

2. In der Zwischenzeit den Parmesan, die Kräuter und die Butter verkneten.

3. Die Schalotte und den Knoblauch schälen. Beides fein würfeln.

4. Die Bohnen in ein Sieb geben und gut abtropfen lassen.

5. Die Schalotten- und Knoblauchstücke in einer großen Pfanne im Nussöl bei mittlerer Hitze anbraten. Die saure Sahne darunter rühren und Bohnen und Nüsse dazugeben. Alles mit Meersalz abschmecken und in der geschlossenen Pfanne warmhalten.

6. Den Grill vorheizen. Das Olivenöl in einer zweiten Pfanne erhitzen. Die Lammfilets darin von allen Seiten kräftig anbraten. Sie bei schwacher Hitze solange weitergaren, bis der gewünschte Gargrad erreicht ist.

7. Die Filets in eine feuerfeste Form legen, die Parmesan-Kräuter-Masse darauf verteilen und im Grill überbacken. Sobald sich die Kräuter-Käse-Kruste goldgelb verfärbt, das Fleisch zusammen mit den Bohnen auf 2 Tellern anrichten.

ZUTATEN

600 g grüne Bohnen
etwas Kräutersalz
2 EL geriebener Parmesan
1 TL Kräuter der Provence
1 EL Butter
1 Schalotte
1 Knoblauchzehe
2 EL Nussöl
2 EL saure Sahne
2 EL Haselnüsse (in Scheiben oder gehackt)
etwas Meersalz
2 EL kaltgepresstes Olivenöl
2 Stücke Lammrückenfilets
à 150 g

● Für 2 Personen
● Zubereitungszeit:
ca. 40 Minuten
● ca. 690 kcal je Portion

TIPP

Welchen Gargrad das Fleisch hat, können Sie durch leichtes Drücken mit dem Finger erkennen. Lässt sich das Fleisch eindrücken, ohne dass die Druckstelle zurückfedert, so ist es im Inneren noch rosa. Je fester ihnen das Filet beim kurzen Eindrücken erscheint, desto mehr ist es durchgegart.

Gemüse-Kartoffel-Gratin E

1. Den Blumenkohl waschen, putzen und in kleine Röschen zerteilen. Die Kartoffeln schälen, waschen und in Scheiben schneiden.

2. Beides zusammen in kochendem, leicht gesalzenem Wasser etwa 8 Minuten garen. Abtropfen lassen und in eine große feuerfeste Form schichten. Den Backofen auf 150°C vorheizen.

3. Die Paprikaschote halbieren, putzen, entkernen, waschen und in kleine Würfel schneiden. Diese gleichmäßig auf Blumenkohl und Kartoffeln verteilen.

4. Nun die 200 ml Wasser mit der Sahne mischen und mit Gemüsebrühe, Cayennepfeffer, Liebstöckel und Majoran würzen. Über das Gemüse gießen.

5. Den Käse in kleine Würfel schneiden und auf den Auflauf geben. Im Ofen in 20 bis 25 Minuten goldgelb backen.

ZUTATEN

1 Blumenkohl
400 g Kartoffeln
etwas Meersalz
1 rote Paprikaschote
100 g süße Sahne
1 EL Gemüsebrühe (aus Instantpulver)
1 Msp. Cayennepfeffer
$^1/_2$ TL getrockneter Liebstöckel
1 TL gerebelter Majoran
100 g Butterkäse
(60% Fett i. Tr.)

● Für 2 Personen
● Zubereitungszeit: ca. 1 Stunde
● ca. 600 kcal je Portion

Hähnchengulasch mit Zitrusfrüchten E

1. Die Orangen heiß abwaschen und mit einem Küchenhandtuch trockenreiben. Von der Schale mit einem Zestenreißer dünne Streifen abziehen. Anschließend die Orangen und die Grapefruit gründlich schälen, sodass keine weiße Schale mehr am Fruchtfleisch hängt.

2. Das Fruchtfleisch mit einem kleinen scharfen Messer zwischen den Trennwänden herausschneiden. Den dabei austretenden Fruchtsaft vollständig auffangen.

ZUTATEN

2 unbehandelte Orangen
1 Grapefruit
1 Stange junger Lauch
4 Blätter Chinakohl
400 g Hähnchenbrustfilet
2 EL kaltgepresstes Olivenöl
60 g Sahne
etwas Meersalz
etwas Cayennepfeffer

● Für 2 Personen
● Zubereitungszeit:
  ca. 35 Minuten
● ca. 580 kcal je Portion

3. Den Lauch gründlich waschen, putzen und in 1 cm breite Ringe schneiden. Den Chinakohl ebenfalls waschen und in 2 cm breite Streifen schneiden.

4. Die Hähnchenbrustfilets waschen, trockentupfen und etwa 2 cm groß würfeln. Das Öl in einer großen Pfanne erhitzen und die Fleischwürfel darin von allen Seiten kräftig anbraten. Das Gemüse anschließend kurz mitdünsten und alles danach aus der Pfanne nehmen und zugedeckt warmhalten.

5. Den Bratensatz in der Pfanne mit dem aufgefangenen Fruchtsaft, der Sahne und mit 100 ml Wasser loskochen. Die Sauce mit Meersalz und Cayennepfeffer kräftig abschmecken. Fleisch, Gemüse und Obst hineingeben und alles einmal aufkochen. Das Gericht auf 2 Tellern anrichten und mit den Orangenzesten garnieren.

TIPPS

Wenn Sie keinen Zestenreißer besitzen, können Sie die Schale von 1 Orange auch sehr dünn abschälen und danach, in feine Streifen schneiden.

Bereiten Sie aus dem übrigbleibenden Chinakohl einen Salat mit Joghurtdressing zu. Er passt hervorragend zu diesem Gericht.

Gefüllte Salatgurke E

1. Die Gurken waschen, quer halbieren und jeweils eine etwa 1 cm dicke Scheibe abschneiden. Das Fruchtfleisch herausschaben. Die Scheiben schälen und in kleine Würfel schneiden.

2. Die Oliven fein hacken. Den Knoblauch schälen und durch die Presse drücken. Den Ziegenkäse mit den Oliven und dem Knoblauch verrühren. Die Gurken mit der Käsecreme füllen.

3. Nun die Kartoffeln in der Schale in wenig Wasser gar kochen.

4. Die Zwiebel schälen und fein würfeln. Das Öl in einer Pfanne erhitzen und die Zwiebel darin glasig dünsten. Das Schrot darunter rühren. Das Gurkenfruchtfleisch und die Gurkenstückchen dazugeben. Die Brühe unter Rühren angießen und alles aufkochen.

5. Die gefüllten Gurken in die Pfanne setzen und bei kleiner Hitze zugedeckt etwa 15 Minuten garen. Den Dill hinzufügen und die Gurken mit der Sauce zu den Pellkartoffeln servieren.

ZUTATEN

2 kleine Salatgurken
10 entsteinte grüne Oliven
1 Knoblauchzehe
150 g Ziegenfrischkäse
400 g kleine Kartoffeln
1 Zwiebel
1 EL kaltgepresstes Olivenöl
1 EL feines Grünkernschrot
200 ml Gemüsebrühe (aus Instantpulver)
2 EL fein geschnittener Dill

- Für 2 Personen
- Zubereitungszeit:
  ca. 35 Minuten
- ca. 460 kcal je Portion

Türkische Hackröllchen mit Gurkenjoghurt und Feldsalat E

1. Die Petersilie waschen, trockentupfen und die harten Stiele entfernen. Die Blätter fein hacken und mit den restlichen Zutaten für die Hackröllchen (außer dem Öl) in einer Schüssel gut verkneten. Das Ganze kräftig abschmecken.

2. Aus der Masse 8 bis 10 kleine Röllchen von etwa 5 cm Länge und 3 cm Dicke formen. Das Öl in einer Pfanne erhitzen und die Röllchen darin bei mittlerer Hitze rundherum anbraten.

3. Während das Hackfleisch brät, die Gurke waschen, schälen und auf einer Küchenreibe grob raspeln. Die Knoblauchzehe schälen, den Dill waschen und trockentupfen. Beides fein hacken. Die Hackröllchen währenddessen immer wieder vorsichtig wenden.

4. Den Joghurt in eine Schüssel geben und glattrühren. Mit Kräutersalz und Cayennepfeffer würzen. Gurke, Knoblauch und Dill

ZUTATEN

● **Für die Hackröllchen:**
4 Zweige glatte Petersilie
300 g Rinder- oder Lammhackfleisch
1 Ei
etwas Meersalz
1 Msp. Cayennepfeffer
$^1/_4$ TL Kreuzkümmelpulver
2 Msp. Korianderpulver
2 Msp. Kümmelpulver
1 Msp. Pimentpulver
2 Msp. Rosenpaprika
2 EL kaltgepresstes Sonnenblumenöl

● **Für den Gurkenjoghurt:**
1 Stück Gurke (ca. 10 cm)
1 Knoblauchzehe
$^1/_2$ Bund Dill
250 g Joghurt (3,5% Fett)
etwas Kräutersalz
1 Msp. Cayennepfeffer

● **Für den Feldsalat:**
1 $^1/_2$ TL Zitronensaft
2 EL kaltgepresstes Olivenöl
etwas flüssiger Honig
1 gestr. TL Senfpulver
etwas Meersalz
100 g geputzter Feldsalat

● **Für 2 Personen**
● **Zubereitungszeit: ca. 40 Minuten**
● **ca. 730 kcal je Portion**

zu dem angemachten Joghurt geben, alles miteinander vermischen und noch einmal kräftig abschmecken.

5. Für den Salat Zitronensaft, Öl, 2 Esslöffel heißes Wasser, Honig, Senfpulver und Meersalz in einer kleinen Schüssel verrühren. Die Sauce pikant abschmecken. Den gründlich geputzten Feldsalat darin wenden.

6. Den Gurkenjoghurt auf 2 Teller geben. Den Salat daneben anrichten und die fertig gegarten Hackfleischröllchen auf den Joghurt legen.

TIPP

Sie können die Hackfleischröllchen mit einer in feine Würfel geschnittenen, roten Zwiebel verfeinern. Verkneten Sie die Zwiebelstücke mit den Gewürzen in der Hackmasse.

Überbackener Blumenkohl E

1. Blumenkohl waschen, in kleine Röschen teilen und in kochendem, leicht gesalzenem Wasser 10 bis 15 Minuten garen. Anschließend das Gemüse in eine mittelgroße Auflaufform schichten. Für die Sauce die saure Sahne mit der Milch verquirlen und mit dem Rosenpaprika, dem Curry, der Muskatnuss und der Gemüsebrühe würzen.

2. Den Knoblauch durch die Knoblauchpresse drücken und mit der Sauce verrühren. Das Gemüse damit begießen und im Backofen bei 160°C 20 bis 25 Minuten überbacken. Mit dem geriebenen Käse bestreuen, nochmals 5 Minuten backen, bis der Käse geschmolzen ist.

ZUTATEN

**400 g Blumenkohl
100 g saure Sahne
60 ml Milch
1 Msp. Rosenpaprika
1 Msp. Curry
1 Prise Muskat
1 TL Gemüsebrühe (aus Instantpulver)
1 Knoblauchzehe
60 g grob geriebener Gouda**

- **Für 1 Person**
- **Zubereitungszeit: ca. 1 Stunde**
- **ca. 470 kcal je Portion**

Paprika mit Spiegeleiern E

1. Die Paprikaschoten halbieren, die Kerngehäuse entfernen, die Hälften waschen und das Fruchtfleisch in gleich große Streifen schneiden.

2. Die Zwiebel schälen und grob würfeln. Die Butter in einer Pfanne erwärmen und die Zwiebelwürfel darin glasig dünsten.

3. Die Paprikastücke hinzufügen und alles etwa 5 Minuten dünsten. Danach mit der Brühe würzen.

4. In der Zwischenzeit das Öl in einer weiteren Pfanne erhitzen, die Eier hinein schlagen, braten lassen und mit dem Salz leicht würzen. Das Paprikagemüse zusammen mit den Spiegeleiern servieren und mit gewaschenen, abgezupften Petersilienbüscheln garnieren.

ZUTATEN

1 gelbe Paprikaschote
2 rote Paprikaschoten
1 Zwiebel
1 EL Butter
1 TL Gemüsebrühe (aus Instantpulver)
1 EL kaltgepresstes Sonnenblumenöl
2 frische Eier
etwas Meersalz
1 Stängel Petersilie

- Für 1 Person
- Zubereitungszeit: ca. 25 Minuten
- ca. 460 kcal je Portion

Asiatisches Tofugemüse E

1. Den Zucchini waschen, putzen und in dünne Scheiben schneiden. Die Pilze putzen, mit einem feuchten Tuch vorsichtig abreiben und in Streifen schneiden.

2. Paprikaschoten halbieren, putzen, entkernen, waschen und klein würfeln. Mungobohnenkeime verlesen und heiß abspülen.

3. Zwiebel schälen und in dünne Spalten schneiden. Knoblauch schälen und zerdrücken.

4. Zwiebel und Knoblauch zusammen mit dem Ingwer im heißen Öl glasig dünsten. Dann das Gemüse, die Pilze und die Cashewkerne hinufügen. Alles gründlich durchrühren.

5. Den Tofu in etwa 2 cm große Würfel schneiden und zum Gemüse geben. Die Brühe angießen, alles mit Sojasauce würzen und zugedeckt etwa 15 Minuten garen.

6. Das Gemüse nach Belieben mit einigen Spritzern Worcestershiresauce würzen und mit dem Liebstöckel bestreuen.

ZUTATEN

1 Zucchini (ca. 300 g)
100 g Austernpilze
1 rote Paprikaschote
1 gelbe Paprikaschote
100 g Mungobohnenkeimlinge
1 Zwiebel
1 Knoblauchzehe
1 EL Ingwerwurzel
2 EL Sonnenblumenöl
40 g Cashewkerne
150 g fester Tofu
125 ml Gemüsebrühe
2 EL Sojasauce
2 Spritzer Worcestershiresauce
1 EL fein gehackter Liebstöckel

● **Für 2 Personen**
● **Zubereitungszeit:**
   ca. 45 Minuten
● **ca. 410 kcal je Portion**

Pilzpastete mit Dill-joghurt und Feldsalat E

1. Die Pilze vorsichtig waschen, putzen und trockentupfen. Die Zwiebel schälen. Die Petersilie waschen, trockenschleudern und die Blätter von den Stielen zupfen.

2. Die Pilze und die Zwiebel in grobe Stücke schneiden. Zusammen mit der Petersilie mit dem Hackmesser der elektrischen Küchenmaschine oder in einem Fleischwolf (grobe Scheibe) zerkleinern.

3. Den Ofen auf 180°C vorheizen. Die Pilz-Zwiebel-Mischung in eine Schüssel geben und mit Quark, Eigelben und Chiliöl vermengen. Alles mit Thymian, Oregano und Kräutersalz kräftig würzen. Das Eiweiß zu steifem Schnee schlagen und unter die Pilzmasse heben.

4. Eine Pastetenform oder eine hohe, feuerfeste Auflaufform (etwa 1,5 l Inhalt) mit der Butter ausfetten. Die Walnüsse grob hacken, zuletzt unter die Masse heben und diese in die Form füllen. Alles auf der mittleren Schiene in den Ofen schieben und 1 $^{1}/_{2}$ Stunden backen.

ZUTATEN

● **Für die Pastete:**
100 g frische Pilze (Champignons, Pfifferlinge oder gemischte Waldpilze)
1 Zwiebel
1 großer Bund Petersilie
250 g Quark (20% Fett i.Tr.)
3 Eier
1 TL Chiliöl
$^{1}/_{2}$ TL Thymian
$^{1}/_{2}$ TL Oregano
$^{1}/_{2}$ TL Kräutersalz
1 TL Butter
50 g geschälte Walnüsse

● **Für den Salat:**
150 g Feldsalat
4 Tomaten
1 Bund Dill
100 g Joghurt (1,5% Fett)
100 g Buttermilch
etwas Kräutersalz

● **Für 2 Personen**
● **Zubereitungszeit:**
   ca. 2 Stunden
● **ca. 560 kcal je Portion**

5. In der Zwischenzeit den Salat sehr gründlich waschen, putzen und trockenschleudern. Die Tomaten waschen, den Stielansatz entfernen und die Früchte in Scheiben schneiden. Den Dill

waschen und trockentupfen. Die dicken Stiele entfernen und das Grün fein hacken.

6. Den Joghurt und die Buttermilch in eine Schüssel geben und glatt rühren. Dill und Kräutersalz hinzufügen, abschmecken und mit dem Salat kühl stellen.

7. Die Pastete aus dem Ofen nehmen. Sie in der Form kurz abkühlen lassen, dann sehr vorsichtig in Scheiben schneiden und auf 2 Tellern anrichten. Den Salat danebengeben und beides mit etwas Sauce begießen.

TIPP

Sie können die Pastete auch in mehreren kleinen Formen backen. Die Backzeit verringert sich dadurch um etwa 20 Minuten. Wenn Sie Portionsförmchen verwenden, können Sie die Pastete darin servieren, ohne sie zu zerschneiden.

Gegrillte Makrele E

1. Die Limetten heiß abwaschen, trockenreiben und in dünne Scheiben schneiden. Zwei ausreichend große Stücke Alufolie mit dem Öl bestreichen, mit den Limettenscheiben belegen und die Kräuter darüber streuen.

2. Die Fische kalt abspülen, trockentupfen, innen und außen salzen, auf die Limettenscheiben legen und einzeln einpacken. Das Ganze sollte gut verschlossen sein.

3. Die Fische von jeder Seite ungefähr 10 Minuten grillen.

ZUTATEN

2 unbehandelte Limetten
2 EL kaltgepresstes Sonnenblumenöl
6 EL gehackte frische Kräuter (z.B. Rosmarin, Dill oder Kerbel)
2 küchenfertige Makrelen à ca. 400 g
etwas Meersalz

● **Für 2 Personen**
● **Zubereitungszeit:**
  ca. 45 Minuten
● **ca. 510 kcal je Portion**

Schwarzer Heilbutt mit Zucchini und Auberginen E

1. Die Fischfilets waschen, trockentupfen und auf einen Teller legen. Sie mit dem Zitronensaft beträufeln und salzen.

2. Die Zwiebeln schälen und in dünne Ringe schneiden. Zucchini, Aubergine und Tomaten waschen und putzen. Die Stielansätze der Tomaten keilförmig herausschneiden. Das gesamte Gemüse in etwa $^1/_2$ cm dicke Scheiben schneiden.

3. Den Ofen auf 180°C vorheizen. Je 2 Bogen Butterbrotpapier aufeinander legen und die beiden oberen Bogen im mittleren Bereich mit dem Olivenöl bepinseln. Die Zucchini-, Auberginen- und Tomatenscheiben auf die Mitte der Bogen legen. Die Zwiebelringe darauf verteilen.

4. Den Thymian waschen und trockentupfen. Die Blättchen vom Zweig abzupfen. Das Gemüse mit Salz und Thymian würzen und die Fischfilets darauf legen.

5. Jeweils 3 Esslöffel Brühe auf dem Fisch und dem Gemüse verteilen. Darauf achten, dass die Flüssigkeit nicht herunterläuft. Das Papier zu einem Päckchen zusammenfalten. Die Enden gut zusammendrücken.

6. Die beiden Gemüse-Fisch-Päckchen auf ein Blech setzen und auf der mittleren Schiene im Ofen 25 bis 30 Minuten garen.

ZUTATEN

2 Heilbuttfilets (à 200 g)
einige Spritzer Zitronensaft
etwas Kräutersalz
1 Zwiebel
1 kleiner Zucchini
$^1/_2$ kleine Aubergine
2 Flaschentomaten
4 große Bogen Butterbrotpapier
1 EL kaltgepresstes Olivenöl
1 Zweig Thymian
60 ml vegetarische Gemüsebrühe (aus Instantpulver)

● **Für 2 Personen**
● **Zubereitungszeit: ca. 45 Minuten**
● **ca. 310 kcal je Portion**

7. Die Päckchen verschlossen auf 2 Teller geben und so servieren. Man isst das Gemüse und den Fisch aus dem Pergamentpäckchen.

Dazu passt ganz hervorragend ein Gurkensalat in Joghurt-Dill-Sauce.

Forelle Blau E

1. Die Möhre und die Zwiebel schälen und zerkleinern. Mit 1 $^{1}/_{4}$ Liter Wasser zum Kochen bringen und das zerkleinerte Gemüse hinzufügen.

2. Das Lorbeerblatt dazugeben und mit dem Zitronensaft säuerlich abschmecken. Etwa 20 Minuten kochen lassen.

3. In der Zwischenzeit die Forelle ausnehmen und sorgfältig waschen. Die umgebende Schleimhaut dabei nicht verletzen.

4. Anschließend mit dem Zitronensaft beträufeln und mit dem Kräutersalz leicht würzen.

5. Den kochenden Sud vom Feuer nehmen und die Forelle hineingleiten lassen. Bei abgeschalteter Platte 10 Minuten garen, nicht mehr kochen lassen. Mit 400 g Gemüse oder Rohkost ergänzen.

ZUTATEN

1 geputzte Möhre
1 Zwiebel
1 Lorbeerblatt
1 TL Zitronensaft
1 Forelle (220-250 g)
1 EL Zitronensaft
etwas Kräutersalz

- **Für 1 Person**
- **Zubereitungszeit: ca. 45 Minuten**
- **ca. 180 kcal je Portion**

Viktoriabarschfilet auf gedünstetem Mittelmeergemüse

1. Die Fischfilets waschen, trockentupfen und auf einen Teller legen. Sie anschließend salzen, mit dem Zitronensaft beträufeln und kühl stellen.

2. Das Gemüse waschen und putzen. Den Fenchel in etwa $^1/_2$ cm dicke Spalten schneiden, die Paprikaschote entkernen und grob würfeln. Die Frühlingszwiebeln und den Staudensellerie in etwa 2 cm große Stücke schneiden.

3. Den Ofen auf 200°C vorheizen. Das vorbereitete Gemüse in eine feuerfeste Form (am besten aus Glas) schichten. Die Brühe mit Kräutersalz und Cayennepfeffer kräftig würzen und darauf gießen.

4. Den Estragon waschen, die Blätter abzupfen und sie auf dem Gemüse verteilen. Zuletzt die Fischfilets darauf legen. Das Ganze mit einem gut schließenden Deckel oder Alufolie abdecken und in den vorgeheizten Ofen schieben.

5. Alles etwa 35 Minuten im Ofen garen. Der Fisch ist gar, wenn er sich mit einer Gabel leicht zerteilen läßt.

ZUTATEN

400 g Viktoriabarschfilet
etwas Meersalz
2 EL Zitronensaft
1 kleine Fenchelknolle
1 rote Paprikaschote
$^1/_2$ Bund Frühlingszwiebeln
4 Stangen Staudensellerie
$^1/_4$ l vegetarische Gemüsebrühe
(aus Instantpulver)
etwas Kräutersalz
etwas Cayennepfeffer
1 Zweig Estragon

• **Für 2 Personen**
• **Zubereitungszeit:**
  ca. 45 Minuten
• **ca. 270 kcal je Portion**

TIPP

Dieses Gericht können Sie auch auf dem Herd zubereiten. Es benötigt auf diese Weise auch nur 20 Minuten Garzeit, allerdings müssen Sie nach dem ersten Aufkochen die Hitze verringern, damit das Gemüse nicht anbrennt.

Scholle auf klassische Art E

1. Die Scholle abspülen und trockentupfen. Beide Fischseiten salzen und in den gemahlenen Mandeln wenden. Die Butter bei geringer Hitze in einer Pfanne schmelzen lassen und die Scholle darin etwa 10 bis 15 Minuten von beiden Seiten braten.

2. Zwischendurch mehrmals an der Pfanne rütteln, damit der Fisch nicht am Pfannenboden haften bleibt. Die Scholle dann abschließend mit Petersilie, hübsch garniert, servieren.

ZUTATEN

1 küchenfertige Scholle
1 TL Kräutersalz
2 EL fein gemahlene Mandeln
2 EL Butter
3 Stängel Petersilie

● Für 1 Person
● Zubereitungszeit:
  ca. 20 Minuten
● ca. 450 kcal je Portion

TIPP

Dazu passen Blattspinat, gemischter Salat oder gedünsteter Blattspinat.

Desserts und Gebäck

Vanillereis mit Ingwerpflaumen ❧

1. Die Pflaumen grob zerkleinern, in eine kleine Schüssel geben und mit 100 ml Wasser begießen. Sie zugedeckt im Kühlschrank etwa 6 Stunden quellen lassen.

2. Danach den Reis zusammen mit 350 ml Wasser in einen Topf geben. Die Vanilleschote der Länge nach halbieren und das Mark mit einem spitzen Messer aus der Mitte herauskratzen. Dieses zu dem Reis hinzufügen.

3. Sternanis und Honig ebenfalls in den Topf geben. Alles einmal aufkochen, danach bei schwacher Hitze etwa 40 Minuten köcheln lassen und dabei einige Male umrühren.

4. Die Pflaumen in ein Sieb geben und abtropfen lassen. Die Quellflüssigkeit dabei auffangen.

3 Esslöffel davon mit den Früchten in eine hohe Schüssel geben und mit dem Schneidstab pürieren.

5. Die Pfefferminze waschen, trockentupfen und die Blätter abzupfen. Den Quark unter den fertig gegarten Reis rühren.

6. Das Ganze in 2 tiefen Tellern anrichten und mit der Pflaumensauce und der Minze garnieren.

ZUTATEN

10 ungeschwefelte Trockenpflaumen (entsteint)
120 g Vollkorn-Rundkorn-Reis
$^1/_2$ Vanilleschote
2 Kapseln Sternanis
2 EL Honig
1 Msp. Ingwerpulver
2 Zweige Pfefferminze
50 g Sahnequark

● **Für 2 Personen**
● **Zubereitungszeit:**
  ca. 40 Minuten
● **Quellzeit: ca. 6 Stunden**
● **ca. 480 kcal je Portion**

Vanille-Buttermilch-Gelee mit Aprikosen

1. Die Aprikosen sehr klein würfeln und in eine Schüssel geben. Mit 150 ml Wasser übergießen und etwa 6 Stunden quellen lassen.

2. Die Vanilleschote der Länge nach aufschlitzen und das schwarze Mark mit einem spitzen Messer gründlich herausschaben. Zusammen mit dem Honig in die Buttermilch geben und sorgfältig verrühren.

3. Die Gelatine in wenig kaltem Wasser einweichen und etwa 10 Minuten quellen lassen. Das Wasser bis auf einen kleinen Rest abgießen und die Gelatine in einem Topf vorsichtig erhitzen, bis sie sich aufgelöst hat.

4. Die aufgelöste Gelatine anschließend unter die Buttermilch mischen. Das Ganze durch ein feines Sieb in 2 Glasschälchen gießen. Das Buttermilchgelee für mindestens 3 Stunden kühlstellen.

5. Die Aprikosen vor dem Servieren zusammen mit der Quellflüssigkeit und dem Birnendicksaft in einem kleinen Topf unter Rühren leicht erwärmen.

6. Die beiden Glasschälchen mit dem Gelee kurz in heißes Wasser tauchen. Sie danach auf Dessertteller stürzen, sodass das Gelee in der Mitte des Tellers ist. Die Aprikosensauce um das Buttermilchgelee gießen.

ZUTATEN

100 g ungeschwefelte, getrocknete Aprikosen
$^1/_2$ Vanilleschote
200 g Buttermilch
3 Blatt weiße Gelatine
3 EL flüssiger Honig
1 EL Birnendicksaft

● **Für 2 Personen**
● **Zubereitungszeit: ca. 40 Minuten**
● **Quellzeit: ca. 6 Stunden**
● **Kühlzeit: ca. 3 Stunden**
● **ca. 310 kcal je Portion**

Bratapfel mit Nüssen und Zimtquark

1. Die Äpfel waschen und trockenreiben. Die Kerngehäuse mit einem Apfelausstecher entfernen. Den Ofen auf 200°C vorheizen.

2. Den Zwieback in eine Schüssel reiben und mit Rosinen, Mandeln und Nüssen mischen. Das Ganze in die beiden Äpfel füllen und leicht andrücken.

3. 2 quadratische Stücke Alufolie zurechtschneiden und die Äpfel darauf setzen. In die obere Öffnung jedes Apfels je 1/2 Esslöffel Honig geben.

4. Die Alufolie vorsichtig schließen und die Päckchen in einer feuerfesten Form auf der mittleren Schiene in den Backofen schieben.

5. Die Äpfel etwa 30 Minuten im Ofen backen. In der Zwischenzeit den Quark in einer Schüssel mit der Buttermilch oder dem Wasser verrühren. Die Creme mit Frutilose und Zimt abschmecken und zusammen mit den fertig gegarten Äpfeln auf 2 Tellern anrichten.

ZUTATEN

2 süße, mürbe Äpfel
1 Vollkornzwieback
1 EL ungeschwefelte Rosinen
1 EL gehackte Mandeln
1 EL gehackte Haselnüsse
1 EL flüssiger Honig
200 g Quark (20% Fett i.Tr.)
4 EL Buttermilch oder Wasser
3 EL Frutilose
1 gestr. TL Zimtpulver

● **Für 2 Personen**
● **Zubereitungszeit:**
   ca. 1 Stunde
● **ca. 450 kcal je Portion**

Warme Pflaumentarte mit Walnüssen und Ahornsirup ◖

1. Die Pflaumen in kleine Würfel schneiden, in eine kleine Schüssel geben und mit etwa 150 ml Wasser übergießen. Sie zugedeckt etwa 6 Stunden quellen lassen.

2. In der Zwischenzeit aus Mehl, Butter, Eigelb, Honig und Salz einen Mürbeteig kneten.

3. Den Mürbeteig kreisförmig ausrollen und eine eingefettete Springform (24 cm ⌀) damit auskleiden. Ihn auch an den Innenwänden der Form hochziehen. Den Teigboden mit einer Gabel mehrmals einstechen und für 1 Stunde kühl stellen.

ZUTATEN

Für den Teig:
10 ungeschwefelte
Trockenpflaumen (entsteint)
300 g feines Dinkelvoll-
kornmehl
175 g weiche Butter
1 Eigelb
3 EL Honig
$1/4$ TL Meersalz
etwas Butter für die Form

Für den Belag:
150 g Quark (20% Fett i.Tr.)
100 g saure Sahne (10% Fett)
2 Eigelb
3 EL Ahornsirup
3 EL grob gehackte Walnüsse

- **Für 12 Stücke**
- **Zubereitungszeit:**
  ca. 1 $1/4$ Stunden
- **Quellzeit:**
  ca. 6 Stunden
- **ca. 300 kcal je Stück**

4. Dann die Pflaumen aus der Quellflüssigkeit nehmen. Den Ofen auf 200°C vorheizen.

5. Die Früchte auf dem Teig verteilen. In einer Schüssel Quark, saure Sahne, Eigelbe und Ahornsirup glatt rühren. Die Masse gleichmäßig auf den Pflaumen verteilen. Die Walnüsse zuletzt auf die Quark-Sahne-Creme streuen.

6. Das Ganze auf der mittleren Schiene in den Ofen schieben und etwa 45 Minuten backen.

7. Die Pflaumen-Walnuss-Tarte etwas abkühlen lassen und danach vorsichtig aus der Form lösen. Sie mit einem sehr scharfen Messer in 12 Stücke schneiden und noch warm servieren. (Kalt schmeckt die Tarte aber auch ausgezeichnet.)

TIPP

Wenn Sie gerne Zimt oder Ingwer essen, verfeinern Sie die Tarte mit einem dieser Gewürze. Fügen Sie entweder $1/2$ Teelöffel Zimtpulver oder $1/4$ Teelöffel Ingwerpulver zu dem Quark und der Sahne hinzu. Die Zubereitung ändert sich ansonsten nicht.

Quarkreis mit Birnen und Datteln ♠

1. Die getrockneten Birnen und Datteln in dünne Streifen schneiden und in einer Schüssel mit 400 ml Wasser übergießen. Das Ganze zugedeckt etwa 6 Stunden quellen lassen.

2. Den Reis mit Wasser bedecken und ebenfalls etwa 6 Stunden quellen lassen. Anschließend auf ein Sieb geben und abtropfen lassen.

3. Die gequollenen Früchte in ein Sieb gießen und die Flüssigkeit dabei auffangen. Diese in einen Messbecher geben und mit Wasser auf 300 ml auffüllen.

4. Die Flüssigkeit mit einer Prise Salz in einem Topf aufkochen, den Reis dazugeben und wieder zum Kochen bringen. Das Ganze danach noch etwa 25 Minuten zugedeckt bei schwacher Hitze garen.

5. Sobald der Reis gar ist, das restliche Kochwasser bei geöffnetem Deckel verdampfen lassen. Sollte der Reis mehr als 25 Minuten Garzeit benötigt, gegebenenfalls noch etwas Wasser angießen.

6. Den Reis vom Herd nehmen, sobald die gesamte Flüssigkeit verdampft ist. Ihn in eine breite Schüssel geben und auskühlen lassen.

7. In der Zwischenzeit Quark, Birnendicksaft und Nelkenpulver zu einer glatten Masse verrühren. Diese Mischung zusammen mit den Birnen- und den Dattelstreifen unter den abgekühlten Reis heben. Das Ganze in 2 Schälchen geben und servieren.

ZUTATEN

75 g ungeschwefelte Trockenbirnen
4 getrocknete Datteln (entsteint)
125 g Vollkorn-Rundkorn-Reis
1 Prise Meersalz
250 g Quark (20% Fett i. Tr.)
1 EL Birnendicksaft
1 Prise Nelkenpulver

- **Für 2 Personen**
- **Zubereitungszeit: ca. 45 Minuten**
- **Quellzeit: ca. 6 Stunden**
- **ca. 510 kcal je Portion**

Bananencreme K

Banane mit einer Gabel zerdrücken und mit Quark und Sanddorn verrühren. Mit Apfeldicksaft süßen. Die Bananencreme in zwei Schälchen füllen und kühl servieren.

ZUTATEN

1 Banane
75 g Quark (20% Fett i. Tr.)
2 EL Sanddornsaft
1 TL Apfeldicksaft

● Für 2 Personen
● Zubereitungszeit:
   ca. 10 Minuten
● ca. 130 kcal je Portion

TIPP

Nehmen Sie mal Schichtkäse anstelle von Quark.

Heidelbeer-Vanille-Dickmilch N

1. Die Heidelbeeren waschen und verlesen. Tiefgekühlte Früchte antauen lassen. Die Vanilleschote der Länge nach aufschneiden und das Mark herauskratzen. Die Dickmilch mit der sauren Sahne, dem Vanillemark und der Frutilose verrühren.

2. Die Hälfte der Dickmilch in ein Glasschälchen geben. Die Heidelbeeren darauf verteilen und die restliche Dickmilch darauf gießen. Die Süßspeise mit der Zitronenmelisse garnieren.

ZUTATEN

50 g Heidelbeeren (frisch oder TK-Beeren)
$^1/_2$ Vanilleschote
125 g Dickmilch
40 g saure Sahne
1 EL Frutilose (Reformhaus)
2 Zitronenmelisseblättchen

● Für 1 Person
● Zubereitungszeit:
   ca. 5 Minuten
● ca. 200 kcal je Portion

Himbeermousse E

1. Die Himbeeren verlesen, waschen, einige schöne Beeren beiseite legen, den Rest pürieren und durch ein Sieb streichen. Die Gelatine für etwa 5 Minuten in kaltem Wasser einweichen.

2. Die flüssige Sahne zusammen mit etwa 120 ml Wasser in einer Metallschüssel (z.B. einem Schlagkessel) mit einem Schneebesen verrühren. Die Eigelbe und die Frutilose mit einem Schneebesen in die Sahne-Wasser-Mischung einrühren.

ZUTATEN

250 g frische Himbeeren
4 Blatt helle Gelatine
80 g süße Sahne
2 frische Eigelb
6 EL Frutilose (Obstdicksaft aus dem Reformhaus)
80 g steif geschlagene süße Sahne
6 Minzeblättchen

- **Für 2 Personen**
- **Zubereitungszeit:**
  ca. 15 Minuten
- **Kühlzeit:**
  ca. 1 Stunde 30 Minuten
- **ca. 310 kcal je Portion**

3. Das Ganze in einem Wasserbad bei mäßiger Hitze mit dem Schneebesen so lange aufschlagen, bis eine leicht dickliche Masse entstanden ist. Die Creme abkühlen lassen und langsam unter das Himbeerpüree ziehen.

4. Die Gelatine gut ausdrücken, bei geringer Hitze in einem kleinen Topf im Wasserbad schmelzen lassen und nach und nach unter das Himbeermousse rühren. Danach die geschlagene Sahne darunter ziehen.

5. Das Mousse in 2 Dessertgläser füllen, etwa 1 Stunde 30 Minuten kalt stellen und dann mit den restlichen Himbeeren sowie den Minzeblättchen garnieren.

Kiwi-Sahne-Sorbet E

1. Die Kiwis schälen, 2 schöne Scheiben davon abschneiden und zur Seite legen. Die restlichen Kiwis grob hacken und durch ein Sieb streichen.

2. Die Sahne steif schlagen, unter das Püree heben und mit dem Akazienhonig süßen.

3. In ein Dessertglas füllen und im Gefrierfach etwa 2 Stunden anfrosten lassen. Zwischendurch umrühren, damit sich keine Kristalle bilden können.

4. Vor dem Servieren die 2 Kiwischeiben fächerförmig auf das Sorbet legen und mit den Minzblättchen dekorieren.

ZUTATEN

2 Kiwis
40 g süße Sahne
1 TL Akazienhonig
einige frische Minzeblättchen

● Für 1 Person
● Zubereitungszeit:
  ca. 15 Minuten
● Gefrierzeit: ca. 2 Stunden
● ca. 130 kcal je Portion

TIPP

Das Kiwisorbet schnell servieren. Frische Kiwis enthalten ein Enzym, das Eiweiß spaltet. Die Speise kann dadurch in kurzer Zeit bitter schmecken. Besser ist es, die Kiwischeiben kurz in kochendes Wasser zu tauchen. Dann sind die Enzyme nicht mehr aktiv.

Süßer Buttermilch-Joghurt-Teller E

1. Die Buttermilch zusammen mit dem Joghurt und der Frutilose gut verquirlen.

2. Die Banane schälen, mit einer Gabel sehr fein zerdrücken, mit einem Schneebesen aufschlagen und unter den Buttermilch-Joghurt ziehen.

3. Das Ganze in zwei tiefe Dessertschälchen verteilen und mit den Pistazien sowie der Minze hübsch garnieren.

ZUTATEN

150 g Buttermilch
175 g Joghurt (3,5% Fett)
2 EL Frutilose (Obstdicksaft aus dem Reformhaus)
1 vollreife Banane
1 EL gehackte, ungesalzene Pistazienkerne
8 Minzeblättchen

● Für 2 Personen
● Zubereitungszeit:
  ca. 10 Minuten
● ca. 220 kcal je Portion

Tortenbiskuit mit Erdbeersahne E

1. Den Quark zusammen mit dem Apfeldicksaft und den Eigelben schaumig verrühren und das Sojamehl hinzufügen. Dann die Eiweiße steif schlagen und vorsichtig unter die Quarkmasse heben.

2. Den Teig in eine gut eingefettete Springform mit 26 cm Ø geben und etwa 30 Minuten bei 140 bis 150°C backen. Nach dem Auskühlen den Teig vom Blech lösen, aber in der Form lassen.

3. Für den Belag die Erdbeeren waschen, putzen und ein paar schöne Früchte zur Dekoration beiseite legen. Die restlichen Beeren mit einer Gabel zerdrücken und mit dem Apfeldicksaft süßen.

4. Anschließend den Quark zusammen mit den Erdbeeren verrühren. Die süße Sahne steif schlagen und unterheben.

5. Zum Schluss das Nestragel einrühren. Die Erdbeersahne auf dem Biskuitteig verteilen und mit den restlichen Erdbeeren verzieren. Für etwa 2 Stunden kalt stellen. Die Torte in etwa 12 Stücke geteilt servieren.

ZUTATEN

40 g Quark (10% Fett i.Tr.)
2 EL Apfeldicksaft
2 Eigelb
1 EL Sojamehl
3 Eiweiß
300 g Erdbeeren
3 EL Apfeldicksaft
250 g Quark (10% Fett i.Tr.)
250 g süße Sahne
8 – 10 Dosierlöffel Nestragel (aus dem Reformhaus)

- Für 12 Stücke
- Zubereitungszeit: ca. 1 Stunde 15 Minuten
- ca. 120 kcal je Stück

Drinks und Cocktails

Kokostraum ⚑

1. In die Kokosnuss 2 Löcher bohren und die Milch in ein Glas laufen lassen. Die Frucht zerschlagen. Ein Stück schälen und fein raspeln, sodass 2 Esslöffel Kokosraspel entstehen.

2. Die Banane schälen und in grobe Stücke schneiden.

3. Die Bananenstücke mit dem Honig, der Buttermilch und der Kokosmilch im Mixer kräftig pürieren.

4. Den Drink in 2 Gläser füllen und mit den Kokosraspeln bestreuen.

ZUTATEN

1 frische Kokosnuss
1 reife Banane
2 TL flüssiger Honig
300 ml Buttermilch

- Für 2 Personen
- Zubereitungszeit: ca. 15 Minuten
- ca. 230 kcal je Portion

TIPP

Das restliche Kokosfruchtfleisch können Sie gut für einen Kuchen oder zum Knabbern zwischendurch verwenden.

Bierpunsch ⚑

1. Die Trockenfrüchte in kleine Würfel schneiden, mit etwas Wasser bedecken und 3 bis 4 Stunden quellen lassen.

2. Anschließend alles in einen großen Bierkrug geben und mit dem Bier auffüllen. Gut gekühlt servieren.

ZUTATEN

50 g Trockenfrüchte (Pflaumen, Aprikosen, Rosinen)
300 ml Altbier

- Für 1 Person
- Zubereitungszeit: ca. 5 Minuten
- Einweichzeit: 3 – 4 Stunden
- ca. 240 kcal je Portion

Erfrischungsgetränk ⓚ

Im Mixer oder mit dem Schneebesen die Sahnedickmilch, das
Bier und das Pflaumenmus zu
einer schaumigen Masse verschlagen. Dann alles mit dem Honig
gut süßen und kalt stellen.

ZUTATEN

125 g Sahnedickmilch
$^1/_8$ l Bier
1 EL Pflaumenmus
1 TL Honig

● **Für 1 Person**
● **Zubereitungszeit:**
  ca. 10 Minuten
● **ca. 280 kcal je Portion**

TIPP

Schmeckt sehr erfrischend an
heißen Tagen.

Griechischer Joghurtmix ⓝ

1. Den Joghurt mit den frischen
Blättern, dem Meersalz und 80 ml
Eiswasser im Mixer oder mit dem
Schneidstab kräftig pürieren.

2. Anschließend in ein hohes Glas
füllen und mit den gehackten
Sauerampferblättchen bestreuen.

ZUTATEN

● **Für den Drink:**
  150 g griechischer Joghurt
  4 – 5 Sauerampferblätter
  2 – 3 Blätter Zitronenmelisse
  1 Msp. Meersalz

● **Zum Bestreuen:**
  1 EL frisch gehackte Sauer-
  ampferblätter

● **Für 1 Person**
● **Zubereitungszeit:**
  ca. 5 Minuten
● **ca. 100 kcal je Portion**

Kräutershake

1. Die Kräuter gut verlesen, waschen und trockenschütteln. Zusammen mit dem Kefir und dem Kräutersalz im Mixer kräftig pürieren. Je nach Geschmack den Knoblauch durch eine Presse drücken und hinzufügen.

2. Den Drink in 2 große Gläser füllen und mit den Kerbelzweigen garnieren.

ZUTATEN

● **Für den Drink:**
1 kleiner Bund gemischte Kräuter (Kerbel, Dill, Petersilie, Schnittlauch)
500 ml Kefir
etwas Kräutersalz
¹/₂ kleine Knoblauchzehe

● **Zum Garnieren:**
einige Kerbelzweige

● **Für 2 Personen**
● **Zubereitungszeit: ca. 10 Minuten**
● **ca. 180 kcal je Portion**

Blaubeermilch

1. Die Heidelbeeren waschen und verlesen. Einige Beeren zum Garnieren beiseite legen.

2. Die Beeren mit dem Ahornsirup und der Buttermilch mit dem Schneidstab fein pürieren.

3. Die Blaubeermilch in 2 große Gläser füllen, jeweils 1 Sahnetupfer darauf setzen und mit den beiseite gelegten Heidelbeeren garnieren.

ZUTATEN

100 g Heidelbeeren
2 EL Ahornsirup
400 ml Buttermilch
2 EL geschlagene Sahne

● **Für 2 Personen**
● **Zubereitungszeit: ca. 5 Minuten**
● **ca. 200 kcal je Portion**

Alkoholfreie Erdbeerbowle E

1. Den Früchtetee mit den Erdbeeren mischen und mit der Frutilose leicht süßen.
2. Die Erdbeerbowle etwa 12 Stunden ziehen lassen.

3. Die Bowle in Gläser geben und mit 1 Schuss prickelndem Mineralwasser auffallen.

ZUTATEN

2 l gut gekühlter Erdbeerfrüchtetee
500 g TK-Erdbeeren
5 EL Frutilose
$^1/_4$ l – $^1/_2$ l Mineralwasser

● Für 4 Personen
● Zubereitungszeit:
ca. 10 Minuten
● Zeit zum Durchziehen:
ca. 12 Stunden
● ca. 130 kcal je Portion

VARIATION

Nehmen Sie statt Mineralwasser trockenen Sekt zum Auffüllen.

Milchshake E

Die Erdbeeren waschen und von den Stielansätzen befreien. Mit der Milch und dem Honig im Mixer pürieren.

ZUTATEN

50 g Erdbeeren
200 ml frische Vollmilch
1 TL Honig

● Für 1 Person
● Zubereitungszeit:
ca. 10 Minuten
● ca. 170 kcal je Portion

Gemüsedrink E

1. Die Tomaten waschen, halbieren, von den Stielansätzen befreien und in 100 ml Wasser etwa 5 Minuten kochen. Anschließend abkühlen lassen.

2. Die gekochten Tomaten durch ein Sieb streichen und den Saft auffangen.

3. Die Karotte und den Sellerie schälen und klein schneiden. Beides dann mit Kräutersalz, Liebstöckel und Tomatensaft im Mixer kräftig pürieren.

4. Den Drink in 2 große Gläser füllen und mit dem Selleriegrün garnieren.

ZUTATEN

Für den Drink:
400 g reife Tomaten
1 Karotte
50 g Sellerieknolle
1 TL Kräutersalz
1 TL getrockneter Liebstöckel
1 Msp. Cayennepfeffer

Zum Garnieren:
2 kleine Zweige Selleriegrün

● **Für 2 Personen**
● **Zubereitungszeit:**
ca. 20 Minuten
● **Kühlzeit:**
ca. 1 Stunde
● **ca. 40 kcal je Portion**

Limetten-Joghurt-Frappé E

1. Die Zitronenmelisse waschen, trockentupfen und die kleinen Blätter als Garnitur zur Seite legen. Die restlichen Blätter von den Stielen abzupfen und grob hacken.

2. Die Limette auspressen. Den Saft zusammen mit Joghurt, Honig und den Eiswürfeln in einen Mixer geben. Die gehackten Melissenblätter hinzufügen.

3. Alle Zutaten auf höchster Stufe zu einer schaumigen Masse verarbeiten. Das Getränk in 2 hohe Gläser gießen und mit der Melisse garnieren. Sofort servieren.

ZUTATEN

2 Zweige Zitronenmelisse
¹/₂ Limette
250 g Joghurt
1 EL flüssiger Honig
8 Eiswürfel

● **Für 2 Personen**
● **Zubereitungszeit:**
ca. 5 Minuten
● **ca. 120 kcal je Portion**

Eistee E

1. Die Melisseblättchen mit $1/4$ l kochendem Wasser übergießen und etwa 10 Minuten ziehen lassen.

2. Anschließend die Blättchen entfernen und den Tee gut auskühlen lassen.

3. Den Limettensaft mit der Frutilose verrühren und das zerstoßene Eis hinzufügen. Alles zum Tee geben und umrühren.

4. Den Eistee in ein hohes Glas gießen und mit der Limettenscheibe am Glasrand garnieren.

ZUTATEN

Für den Drink:
3 – 4 Blättchen Zitronenmelisse
2 EL Limettensaft
2 EL Frutilose
2 – 3 EL zerstoßenes Eis

Zum Garnieren:
1/2 Limettenscheibe

● **Für 1 Person**
● **Zubereitungszeit:**
  ca. 10 Minuten
● **Kühlzeit: ca. 30 Minuten**
● **ca. 140 kcal. je Portion**

Mangoshake E

1. Die Mango schälen, das Fruchtfleisch vom Stein abschneiden und in grobe Stücke schneiden.

2. Das Mangofruchtfleisch zusammen mit dem Orangensaft und 200 ml Eiswasser im Mixer kräftig pürieren.

3. Das Getränk in 2 Longdrinkgläser geben und mit den Orangenscheiben garnieren. Mit Strohhalmen servieren.

ZUTATEN

Für den Drink:
1 kleine, reife Mango
200 ml frisch gepresster Orangensaft

Zum Garnieren:
2 Orangenscheiben

● **Für 2 Personen**
● **Zubereitungszeit:**
  ca. 10 Minuten
● **ca. 60 kcal je Portion**

Fruchtiges Rheingold E

1. Die Erdbeeren waschen, putzen, in sehr kleine Stücke schneiden und im Gefriergerät leicht anfrosten lassen.

2. Anschließend die Beeren in ein Longdrinkglas geben, mit dem Wein auffüllen und leicht umrühren. Den Drink mit dem Mineralwasser aufgießen.

ZUTATEN

3 große Erdbeeren
150 ml trockener Weißwein
50 ml Mineralwasser

- Für 1 Person
- Zubereitungszeit: ca. 5 Minuten
- Gefrierzeit: ca. 30 Minuten
- ca. 130 kcal je Portion

Florida Cocktail E

1. Die Ananas in sehr kleine Stücke schneiden oder mit dem Schneidstab pürieren. Mit dem Rum übergießen und etwa 15 Minuten ziehen lassen.

2. Anschließend beides im Shaker zusammen mit den zerstoßenen Eiswürfeln gut schütteln.

3. Die Ananas durch ein Sieb in ein Longdrinkglas geben. Den gekühlten Drink mit der Frutilose leicht süßen und mit dem Orangensaft auffüllen. Mit 1 Orangenscheibe garnieren.

ZUTATEN

Für den Cocktail:
$^1/_2$ Scheibe frische Ananas (geschält)
2 EL weißer Rum
2 – 3 zerstoßene Eiswürfel
1 EL Frutilose
150 ml frisch gepresster Orangensaft

Zum Garnieren:
1 Orangenscheibe

- Für 1 Person
- Zubereitungszeit: ca. 5 Minuten
- Zeit zum Durchziehen: ca. 15 Minuten
- ca. 190 kcal je Portion

Grapefruit Cocktail E

1. Den Grapefruitsaft mit dem zerstoßenen Eis und dem Wodka im Shaker gut mischen.

2. In ein Cocktailglas seihen und mit der Limettenscheibe garnieren.

ZUTATEN

● Für den Cocktail:
Saft von 1 Grapefruit
3 zerstoßene Eiswürfel
1 EL Wodka

● **Zum Garnieren:**
1 Limettenscheibe

● Für 1 Person
● Zubereitungszeit:
  ca. 5 Minuten
● ca. 70 kcal je Portion

Kokosnussdrink E

1. Die Kokosraspel mit 350 ml kochendem Wasser übergießen und etwa $^1/_2$ Stunde quellen lassen.

2. Danach die Kokosraspel in einem Sieb abtropfen lassen und die Milch dabei auffangen.

3. Die Ananas in grobe Stücke schneiden und mit Kokosmilch, gestoßenem Eis, Frutilose, Minzblättchen, Sahne und Rum im Mixer fein pürieren.

4. Den gut gekühlten Kokosnussdrink in einem Longdrinkglas servieren. Das Ananasstück an den Glasrand stecken.

ZUTATEN

● Für den Drink:
100 g getrocknete Kokosraspel
1 Scheibe frische Ananas
(geschält)
3 EL gestoßenes Eis
2 EL Frutilose
2 – 3 Minzblättchen
2 EL Sahne
2 EL weißer Rum

● **Zum Garnieren:**
1 kleines Stück Ananas mit Schale

● Für 1 Person
● Zubereitungszeit:
  ca. 10 Minuten
● Quellzeit: ca. 2 Stunden
● ca. 360 kcal je Portion

Leichte Himbeer-bowle E

1. Die Himbeeren waschen, putzen und in ein Bowlegefäß geben. Die Früchte grob zerstoßen, mit der Frutilose leicht süßen und etwa ¹/₂ Stunden ziehen lassen.

2. Dann den Apfelwein angießen und das Ganze nochmals etwa 1 Stunde kühl stellen. Anschließend mit dem Mineralwasser auffüllen.

ZUTATEN

250 g Himbeeren
2 EL Frutilose
1 l Apfelwein
³/₄ l Mineralwasser

● Für 4 Personen
● Zubereitungszeit:
   ca. 10 Minuten
● Zeit zum Durchziehen:
   ca. 1 ¹/₂ Stunden
● ca. 220 kcal je Portion

American Longdrink E

1. Das zerstoßene Eis mit Rum, Sahne, Säften, Frutilose und Minzblättchen im Mixer pürieren.

2. Anschließend den Drink in ein großes Longdrinkglas gießen. Mit einem Trinkhalm servieren.

ZUTATEN

4 EL zerstoßenes Eis
2 EL weißer Rum
2 EL Sahne
120 ml frisch gepresster Orangensaft
80 ml frisch gepresster rosa Grapefruitsaft
1 ¹/₂ EL Frutilose
2 – 3 gehackte Minzblättchen

● Für 1 Person
● Zubereitungszeit:
   ca. 5 Minuten
● ca. 320 kcal je Portion

Internationale Gerichte

Böhmische Kässpätzle ⚑

1. Die Spätzle in reichlich leicht gesalzenem Wasser bissfest garen. Anschließend abgießen und kurz abschrecken. Den Backofen auf 175°C vorheizen.

2. Dann die Spätzle in eine feuerfeste Form geben und mit dem Kräutersalz bestreuen. Den in kleine Stücke geschnittenen Käse darunter mischen.

3. Die Form für einige Minuten in den vorgeheizten, jetzt abgeschalteten Backofen stellen, damit der Käse zerfließen kann.

4. In der Zwischenzeit die Zwiebel schälen und in dünne Ringe schneiden. Kurz in Mehl wenden und im heißen Öl knusprig anbraten.

5. Die Käsespätzle aus dem Ofen nehmen und die gebräunten Zwiebelringe darüber geben.

ZUTATEN

160 g Vollkornspätzle
1 TL Meersalz
1 TL Kräutersalz
100 g Wörishofener oder Rahmgouda (60% Fett i.Tr.)
1 große Gemüsezwiebel
2 EL feines Dinkelvollkornmehl
2 EL kaltgepresstes Sonnenblumenöl

● **Für 2 Personen Zubereitungszeit:**
● **ca. 20 Minuten**
● **ca. 680 kcal je Portion**

TIPP

Essen Sie vorher einen Teller grünen Salat (siehe Rezept Seite 189).

Palatschinken mit Quark-Mandel-Füllung ⚑

1. Die Rosinen im Slibowitz einweichen.

2. Mit einem groben Sieb die Kleie aus dem Mehl aussieben und beiseite stellen. Dann das Mehl, Sahne, 100 ml Wasser, But-

termilch, Eigelbe und Salz zu einem glatten Teig verrühren. Etwa $^1/_4$ Stunde quellen lassen.

3. In der Zwischenzeit die ausgesiebte Kleie mit den gehackten Mandeln in einer beschichteten Pfanne ohne Fett anrösten.

4. Den Quark in eine Schüssel geben und mit der Kleie-Nuss-Mischung sowie den Rosinen im Slibowitz, dem Ahornsirup und der Zitronenschale verrühren.

5. Ein Viertel der Butter in einer Pfanne schmelzen lassen, ein Viertel des Teiges hineingeben und bei mittlerer Hitze 1 bis 2 Minuten backen. Sobald sich der Rand goldgelb verfärbt, den Palatschinken wenden und die andere Seite nochmals 1 bis 2 Minuten backen. Auf einen Teller legen und mit Alufolie bedeckt warm halten. Die 3 restlichen Palatschinken genauso zubereiten.

6. Anschließend die Quarkfüllung auf die Pfannkuchen streichen, diese zusammenrollen und sofort servieren.

ZUTATEN

Für den Teig:
4 EL Rosinen
2 EL Slibowitz
150 g feines Dinkelvollkornmehl
50 ml Sahne
200 ml Buttermilch
2 Eigelbe
$^1/_2$ TL Meersalz

Für die Füllung:
50 g grob gehackte Mandeln
200 g Quark (20% Fett i. Tr.)
4 EL Ahornsirup
1 TL abgeriebene Schale einer unbehandelten Zitrone
50 g Butter

Für 2 Personen
**Zubereitungszeit:
ca. 35 Minuten**
ca. 1170 kcal je Portion

Berner Rösti mit Pfifferlingsrahmsauce ▲

1. Die Kartoffeln waschen und als Pellkartoffeln in leicht gesalzenem Wasser 18 bis 20 Minuten garen. Leicht abkühlen lassen, pellen und über Nacht kühl stehen lassen.

2. Am nächsten Tag die Kartoffeln in feine Streifen raspeln und leicht salzen.

3. Das Öl in einer beschichteten Pfanne erhitzen. Die Kartoffelraspel als 2 Häufchen hineingeben und mit der Bratschaufel behutsam zu 2 flachen Fladen drücken.

4. 2 Esslöffel Wasser mit der Sahne vermischen und die Rösti damit beträufeln. Zugedeckt bei schwacher Hitze etwa 15 Minuten schmoren lassen. Dann die Rösti aus der Pfanne nehmen und im Backofen bei 50°C zugedeckt warm halten.

5. Inzwischen für die Sauce die Pilze putzen. Die größeren halbieren. Die Zwiebel schälen und fein hacken.

6. Das Öl in einer Pfanne erhitzen und die Zwiebel darin glasig dünsten. Dann die Pilze dazugeben und kräftig anbraten. $^1/_8$ l Wasser angießen und alles salzen. Die Pilzsauce etwa 15 Minuten bei mäßiger Hitze köcheln lassen.

ZUTATEN

Für die Rösti:
400 g Pellkartoffeln
1 TL Meersalz
3 – 4 EL kaltgepresstes Sonnenblumenöl
1 EL Sahne

Für die Sauce:
300 g Pfifferlinge
1 Zwiebel
1 EL kaltgepresstes Sonnenblumenöl
1 TL Meersalz
2 TL Kartoffelstärke
4 EL Sahne
2 EL gehackte Petersilie

● **Für 2 Personen**
● **Zubereitungszeit: ca. 45 Minuten**
● **Ruhezeit: über Nacht**
● **ca. 580 kcal je Portion**

7. Die Kartoffelstärke mit der Sahne und 100 ml kaltem Wasser verrühren. Die Pilzsauce damit binden. Die Berner Rösti mit der braunen Seite nach oben auf einen Teller legen. Die Pilzsauce mit der gehackten Petersilie bestreuen und daneben anrichten.

TIPP

Essen Sie vorher einen Teller grünen Salat
(s. Seite 189).

Holländische Matjes auf Eis mit neuen Kartoffeln ⚜

1. Die Kartoffeln sehr gut abbürsten und in wenig Wasser etwa 20 Minuten garen. Das Wasser abgießen und die Kartoffeln leicht ausdampfen lassen.

2. Inzwischen für die Matjes die Eiswürfel zwischen ein gefaltetes, sauberes Küchentuch aus Stoff legen und mit einem Hammer grob zerschlagen.

3. Das Eis auf eine Platte geben und die Matjes darauf anrichten.

4. Die Zwiebel schälen und in Ringe schneiden. Kurz in kochendem Wasser blanchieren, abschrecken und auf den Matjes verteilen. Mit den Petersilienzweigen garnieren. Die Matjes zusammen mit den Kartoffeln servieren.

ZUTATEN

400 g kleine, neue Kartoffeln
20 Eiswürfel
4 junge Matjesfilets
1 große Zwiebel
4 – 6 kleine Petersilienzweige

- Für 2 Personen
- Zubereitungszeit:
  ca. 30 Minuten
- ca. 690 kcal je Portion

TIPP

Essen Sie dazu Bohnengemüse
(siehe Seite 189).

Elsässer Bohnengratin 🔥

1. Den Reis in einen Topf geben, mit Wasser bedecken und über Nacht quellen lassen.

2. Dann den Reis im geschlossenen Topf etwa 25 Minuten bei milder Hitze garen. Anschließend abgießen.

3. In der Zwischenzeit die Bohnen waschen, putzen, wenn nötig abfädeln und in 3 cm lange Stücke schneiden. Die Zwiebel schälen und grob hacken. Die Pilze putzen und in Scheiben schneiden. Das Öl in einer Pfanne erhitzen und Zwiebel sowie Pilze darin anbraten. Die Bohnen hinzufügen, die Brühe angießen und alles etwa 10 Minuten zugedeckt dünsten. Den Backofen auf 160°C vorheizen.

4. Den gegarten Reis unter das Gemüse mischen und in eine Auflaufform füllen. Den Käse raspeln und gleichmäßig darauf verteilen. Das Bohnengratin im Ofen in 12 bis 15 Minuten goldgelb überbacken.

ZUTATEN

120 g Vollkornreis
700 g grüne Bohnen
1 große Zwiebel
250 g Champignons
1 ¹/₂ EL kaltgepresstes Sonnenblumenöl
¹/₄ l vegetarische Gemüsebrühe (aus Instantpulver)
100 g Rahmgouda oder Wörishofener (60% Fett i. Tr.)

● Für 2 Personen
● Zubereitungszeit:
   ca. 45 Minuten
● Quellzeit: über Nacht
● ca. 600 kcal je Portion

Grüner Salat

1. Den Salat putzen, waschen und trockenschleudern. Ihn in mundgerechte Stücke schneiden.

2. Die Zwiebel schälen, die Kräuter verlesen und waschen. Beides fein hacken.

3. Das Öl mit Molkosan, 100 ml Wasser, Kräutersalz, Kräutern, Zwiebel und Frutilose zu einer Sauce verrühren.

4. Den Salat mit der Sauce mischen und auf 2 Tellern anrichten.

ZUTATEN

1 Kopfsalat
1 Zwiebel
1 Bund gemischte Kräuter
1 EL kaltgepresstes Sonnenblumenöl
1 EL Molkosan
1 TL Kräutersalz
1 TL Frutilose

● Für 2 Personen
● Zubereitungszeit:
   ca. 15 Minuten
● ca. 210 kcal je Portion

Bohnengemüse

1. Die Bohnen waschen, putzen, wenn nötig abfädeln und in etwa 3 cm lange Stücke schneiden.

2. Die Butter in einem Topf schmelzen lassen und die Bohnen unter Rühren darin kurz andünsten.

3. Dann die Brühe angießen und alles mit dem gehackten Bohnenkraut würzen. Im geschlossenen Topf ungefähr 18 Minuten dünsten.

4. Die fertig gegarten Bohnen mit der gehackten Petersilie bestreuen.

ZUTATEN

600 g grüne Bohnen
1 EL Butter
$^1/_8$ 1 vegetarische Gemüsebrühe (aus Instantpulver)
2 EL gehacktes Bohnenkraut
2 EL gehackte Petersilie

● Für 2 Personen
● Zubereitungszeit:
   ca. 35 Minuten
● ca. 120 kcal je Portion

Karibische Garnelensuppe E

1. Die Kokosnuss fein raspeln, mit $^1/_2$ l siedendem Wasser übergießen und etwa 20 Minuten ziehen lassen. Dann die Mischung durch ein Sieb geben und die Kokosmilch auffangen.

2. In der Zwischenzeit die Lauchzwiebeln waschen, putzen und in feine Ringe schneiden. Ingwer und Knoblauch schälen und fein würfeln.

3. Die Zuckerschoten waschen und, wenn nötig, abfädeln. Die Paprikaschote halbieren, putzen, entkernen, waschen und sehr klein würfeln.

4. Das Öl in einem Topf erhitzen und Zwiebel-, Ingwer- und Knoblauchwürfel sowie die Zuckerschoten darin bei mittlerer Hitze etwa 5 Minuten zugedeckt dünsten. Dann die Paprikawürfel hinzufügen und unter Rühren andünsten.

5. Das Gemüse mit der Kokosmilch übergießen und alles etwa 15 Minuten bei schwacher Hitze zugedeckt köcheln lassen. Die Suppe mit dem Salz und den übrigen Gewürzen pikant abschmecken.

6. Die Garnelen in die Suppe geben und kurze Zeit darin ziehen lassen. Die Suppe in 2 tiefe Teller geben und mit der gehackten Petersilie bestreuen.

ZUTATEN

100 g frische Kokosnuss (ohne Schale)
2 Lauchzwiebeln
1 nussgroßes Stück frischen Ingwer
1 Knoblauchzehe
50 g Zuckerschoten
1 rote Paprikaschote
1 $^1/_2$ EL kaltgepresstes Sonnenblumenöl
1 TL Meersalz
1 TL gerebelter Thymian
1 TL gerebelter Oregano
2 TL Paprikapulver, edelsüß
1 Msp. Cayennepfeffer
125 g geschälte Garnelen
2 EL gehackte glatte Petersilie

● Für 2 Personen
● Zubereitungszeit: ca. 45 Minuten
● ca. 370 kcal je Portion

Asiatisches Geflügelcurry E

1. Das Fleisch kurz waschen, trockentupfen und in mundgerechte Würfel schneiden.

2. Die Tomaten über Kreuz einritzen, kurz mit kochendem Wasser überbrühen und enthäuten, von den Stielansätzen befreien und das Fruchtfleisch grob würfeln. Die Salatgurke schälen, der Länge nach vierteln, entkernen und würfeln.

3. Die Ananas schälen, vierteln, den Mittelstrunk herausschneiden und das Fruchtfleisch kleinwürfeln.

4. Das Öl in einer Pfanne erhitzen und das Fleisch darin unter Rühren von allen Seiten kräftig anbraten. Mit Curry, Kreuzkümmel, Piment, Paprika- und Chilipulver kräftig würzen.

5. Die Tomaten-, Gurken- und Ananasstücke nacheinander unter Rühren dazugeben, kurz anbraten. Dann die Gemüsebrühe dazugießen. Das Ganze 5 bis 8 Minuten zugedeckt köcheln lassen. Zum Schluss die Sojasauce hineinrühren.

6. Das Geflügelcurry auf 2 Tellern anrichten.

ZUTATEN

300 g Hähnchenbrustfilet
3 reife Tomaten
1 kleine Salatgurke (300 g)
$^1/_2$ Ananas
1 $^1/_2$ EL kaltgepresstes Sonnenblumenöl
1 EL Currypulver
$^1/_2$ TL gemahlener Kreuzkümmel
$^1/_2$ TL Pimentpulver
2 – 3 EL Paprikapulver, edelsüß
$^1/_2$ TL Chilipulver
$^1/_4$ 1 vegetarische Gemüsebrühe (aus Instantpulver)
2 – 3 EL Sojasauce

● **Für 2 Personen**
● **Zubereitungszeit: ca. 40 Minuten**
● **ca. 470 kcal je Portion**

TIPP

Essen Sie dazu frisch aufgeschnittene Tomaten.

Indisches Lammragout mit Zwiebelgemüse E

1. Für das Ragout die Zwiebel, den Knoblauch und den Ingwer schälen und grob hacken. Dann alles mit der Chilischote, dem Öl, dem Zitronensaft und der Sojasauce mit dem Schneidstab pürieren.

2. Das Fleisch waschen, trockentupfen und in mundgerechte Würfel schneiden. In die vorbereitete Marinade legen und etwa 1 Stunde durchziehen lassen.

3. Anschließend eine beschichtete Pfanne erhitzen und das Fleisch mitsamt der Marinade darin rundherum anbraten.

4. Das Fleisch mit dem Curry und dem Meersalz würzen. Die Brühe angießen und alles zugedeckt 50 bis 60 Minuten schmoren lassen.

5. Inzwischen für das Gemüse die Zwiebeln schälen und halbieren. Den Lauch putzen, der Länge nach aufschneiden, gründlich waschen und in dünne Scheiben schneiden.

ZUTATEN

Für das Ragout:
1 Zwiebel
2 Knoblauchzehen
1 walnussgroßes Stück frischer Ingwer
1 kleines Stück frische Chilischote
6 EL kaltgepresstes Olivenöl
2 EL Zitronensaft
2 EL Sojasauce
300 g Lammfleisch aus der Keule
2 TL Currypulver
$^1/_2$ TL Meersalz
300 ml vegetarische Gemüsebrühe (aus Instantpulver)
75 g Frischkäse
10 grob gehackte Cashewnüsse

Für das Zwiebelgemüse:
300 g kleine Zwiebeln
2 mittelgroße Lauchstangen
1 $^1/_2$ EL kaltgepresstes Olivenöl
1 TL Meersalz
$^1/_2$ TL Knoblauchpulver
3 Nelken
5 Wacholderbeeren
4 EL Sahne

● Für 2 Personen
● Zubereitungszeit: ca. 11/2 Stunden
● Zeit zum Durchziehen: 1 Stunde
● ca. 910 kcal je Portion

6. Das Öl in einem Topf erhitzen und die Zwiebeln darin rundherum anbraten. Den Lauch darunter mischen und mit Meersalz, Knoblauchpulver, Nelken und den zerdrückten Wacholderbeeren würzen.

7. Die Zwiebeln mit $1/8$ l Wasser ablöschen und zugedeckt etwa 10 Minuten köcheln lassen. Zum Schluss die Nelken entfernen und die Sahne in das Gemüse einrühren. Den Frischkäse in das Lammragout einrühren und die Cashewnüsse darauf streuen.

8. Das Lammragout zusammen mit dem Zwiebelgemüse auf 2 Tellern anrichten.

Andalusisches Huhn mit Tomatenragout E

1. Die Tomaten über Kreuz einritzen, kurz mit kochendem Wasser überbrühen, enthäuten, von den Stielansätzen befreien und grob würfeln.

2. Die Schalotten und den Knoblauch schälen und der Länge nach halbieren. Den Backofen auf 180°C vorheizen.

3. Die Hähnchenkeulen waschen und gut trockentupfen. Das Öl in einem Schmortopf erhitzen und das Fleisch mit den Schalotten und dem Knoblauch darin kräftig von allen Seiten anbraten.

4. Tomatenstücke, Lorbeerblätter und Rosmarin dazugeben und mit Salz und Chili würzen.

5. Das Geflügel zugedeckt im Backofen etwa 30 Minuten garen. Danach den Deckel entfernen und alles weitere 15 Minuten offen schmoren lassen. Die Hähnchenkeulen mit dem Schmorgemüse auf 2 Tellern anrichten und mit den Basilikumblättchen garnieren.

ZUTATEN

1 kg reife Tomaten
5 Schalotten
2 Knoblauchzehen
4 Hähnchenkeulen
2 EL kaltgepresstes Olivenöl
2 Lorbeerblätter
2 Rosmarinzweige
1 $1/2$ TL Kräutersalz
$1/4$ TL Chilipulver
6 Basilikumblättchen

● **Für 2 Personen**
● **Zubereitungszeit: ca. 1 Stunde**
● **ca. 840 kcal je Portion**

Chinesischer Knusperfisch auf gedünstetem Eisbergsalat **E**

1. Den Fisch kurz waschen, trockentupfen und in etwa 4 cm breite Streifen schneiden.

2. Aus Zitronensaft, Sambal Oelek, Sojasauce und Salz eine Marinade rühren und die Fischstreifen damit bestreichen.

3. Nun das Ei in einen Teller geben und mit einer Gabel gut verquirlen. Den Fisch zunächst darin und dann in den Sesamkörnern wenden.

4. Das Öl in einer beschichteten Pfanne erhitzen und den Fisch darin 5 bis 6 Minuten je Seite braten. Anschließend herausnehmen und im Ofen bei 50°C zugedeckt warm stellen.

5. Inzwischen den Eisbergsalat putzen, waschen und in mundgerechte Stücke zupfen. Die Sojabohnenkeimlinge waschen und verlesen.

6. Das Öl in einer Pfanne erhitzen und die Cashewkerne darin goldgelb anbraten. Den Eisbergsalat und die Keimlinge dazugeben und unter Rühren kurz erhitzen. Alles leicht salzen und mit der Sojasauce würzen.

7. Den Salat auf 2 Tellern verteilen. Den Fisch darauf legen und mit Kerbelzweigen garnieren.

ZUTATEN

● **Für den Fisch:**
400 g Zander- oder Dorschfilet
2 El Zitronensaft
1 TL Sambal Oelek
2 EL Sojasauce
1 TL Meersalz
1 Ei
5 gehäufte EL Sesamkörner
6 EL Sesamöl

● **Für den Salat:**
1 kleiner Kopf Eisbergsalat
100 g Sojabohnenkeimlinge
1 EL Sesamöl
50 g Cashewkerne
1 TL Kräutersalz
1 EL Sojasauce

● **Zum Garnieren:**
4 Kerbelzweige

● **Für 2 Personen**
● **Zubereitungszeit:**
ca. 30 Minuten
● **ca. 1000 kcal je Portion**

Köstliches für besondere Anlässe

Grillparty
Bürofete
Picknik
Italienisches Menü
Weihnachtsmenü

Grillparty

Salat „Sommernacht"  E

1. Den Salat und den Rucola putzen, waschen und in mundgerechte Stücke zerpflücken.

2. Die Zwiebel schälen und in feine Ringe schneiden. Die Tomaten waschen und halbieren.

3. Die Gurke schälen, längs vierteln, entkernen und in kleine Stücke schneiden. Alle Salatzutaten in einer großen Schüssel mischen.

4. Für die Sauce das Olivenöl mit dem Essig, $^1/_4$ l Wasser, Meersalz und den gehackten Kräutern verrühren.

5. Die Sauce über den Salat gießen und alles gut mischen. Mit den abgetropften Oliven garnieren.

ZUTATEN

Für den Salat:
1 großer Kopf römischer Salat (Romanasalat)
1 Bund Rucola (Rauke)
1 große Zwiebel
15 Kirschtomaten
1 Salatgurke

Für die Sauce:
6 EL kaltgepresstes Olivenöl
6 EL Balsamessig
2 TL Meersalz
4 EL gemischte, gehackte Kräuter (Dill, Kerbel, Petersilie, Sauerampfer, Schnittlauch)
100 g schwarze Oliven (eingelegt in Öl und Knoblauch)

● **Für 6 Personen**
● **Zubereitungszeit: ca. 20 Minuten**
● **ca. 200 kcal je Portion**

Gegrillter Schafskäse im Gemüsebett E

1. Die Zucchini putzen und waschen. Die Tomaten waschen und die Stielansätze entfernen. Beides in $^1/_2$ cm dicke Scheiben schneiden.

2. Die Zwiebel schälen und in sehr dünne Ringe schneiden.

3. Die Oliven grob hacken. Den Knoblauch schälen und durch eine Presse drücken.

ZUTATEN

300 g Zucchini
300 g Tomaten
1 große Zwiebel
18 schwarze Oliven ohne Stein
3 Knoblauchzehen
6 TL kaltgepresstes Olivenöl
**6 Scheiben (à 100 g) Schafs-
käse (Feta)**
2 TL gerebelter Oregano
2 TL gerebelter Thymian
2 TL gerebelter Rosmarin

● **Für 6 Personen**
● **Zubereitungszeit:
ca. 50 Minuten**
● **ca. 360 kcal je Portion**

4. Nun 6 große Stücke Alufolie (extra reißfest) mit dem Öl bestreichen. Insgesamt die Hälfte der vorbereiteten Zutaten auf die Alufolienstücke geben. Auf jedes Häufchen 1 Stück Käse legen. Alles mit den getrockneten Kräutern bestreuen. Die restlichen Zutaten jeweils darauf verteilen.

5. Die Folien zu Päckchen fest verschließen und das Gemüse auf dem Grill von jeder Seite 8 bis 10 Minuten grillen.

Apfel-Geflügel-Salat E

1. Das Suppengrün putzen und waschen. Das Suppenhuhn waschen, mit dem Suppengrün in einen Topf geben und mit Wasser bedecken. Das Lorbeerblatt hinzufügen und das Huhn 60 bis 70 Minuten zugedeckt garen.

2. In der Zwischenzeit die Sellerieknolle unter fließendem Wasser abbürsten. In wenig Wasser in etwa 15 Minuten nicht zu weich garen. Die Knolle abkühlen lassen, schälen und in dünne Stifte schneiden.

3. Das Geflügel aus der Brühe nehmen, erkalten lassen und von Haut und Knochen befreien. Das Fleisch in mundgerechte Würfel schneiden.

4. Die Erbsen in ein wenig durchgesiebter Hühnerbrühe etwa 10 Minuten garen. Vom Lauch die grünen Blätter entfernen. Die Stange waschen und nur das Weiße in sehr feine Ringe schneiden.

5. Die Radieschen waschen, putzen und in Scheiben schneiden. Die Äpfel waschen, vierteln, die Kerngehäuse entfernen und das Fruchtfleisch in dünne Scheiben schneiden. Mit dem Zitronensaft beträufeln. Alle Zutaten miteinander mischen.

6. Für die Sauce die Sahnedickmilch mit der Buttermilch cremig rühren. Mit Zitronensaft, Worcestershiresauce, Kräutersalz und Frutilose abschmecken und mit den Salatzutaten vermischen.

7. Anschließend den Salat etwa für 3 Stunden kühl stellen. Dann in eine gut verschließbare Schüssel füllen und mit den Schnittlauchröllchen bestreuen.

ZUTATEN

Für den Salat:
1 Bund Suppengrün
1 Suppenhuhn
1 Lorbeerblatt
1 kleine Knolle Sellerie
80 g TK-Erbsen
1 Lauchstange
1 Bund Radieschen
2 säuerliche Äpfel
2 EL Zitronensaft

Für die Sauce:
1 Becher Sahnedickmilch
(175 g)
250 ml Buttermilch
2 EL Zitronensaft
2 EL Worcestershiresauce
2 TL Kräutersalz
2 TL Frutilose

Außerdem:
2 EL Schnittlauchröllchen

● **Für 4 Personen**
● **Zubereitungszeit:**
ca. 1 1/2 Stunden
● **Kühlzeit:**
ca. 3 Stunden
● **ca. 760 kcal je Portion**

Gewürzte Lamm-koteletts mit Minzsauce E

1. Für das Fleisch das Öl mit dem geschälten, fein gehackten Knoblauch und den Kräutern kräftig verrühren und mit dem Meersalz würzen.

2. Die Koteletts waschen, trockentupfen, mit der Marinade bestreichen und etwa 1 Stunde durchziehen lassen.

3. Für die Sauce die Sahnedickmilch mit der sauren Sahne und dem Joghurt in einer Schüssel cremig rühren.

4. Den Knoblauch schälen, durch eine Presse drücken und dazugeben.

5. Dann 8 bis 10 Minzeblättchen sehr fein hacken und mit dem Zitronensaft und dem Kräutersalz in die Sauce einrühren. Etwa 1 Stunde durchziehen lassen.

ZUTATEN

Für das Fleisch:
150 ml kaltgepresstes Olivenöl
2 – 3 Knoblauchzehen
3 TL gerebelter Rosmarin
3 TL gerebelter Thymian
3 TL gerebelter Oregano
2 TL Meersalz
6 doppelte Lammkoteletts

Für die Sauce:
175 g Sahnedickmilch
200 g saure Sahne
300 g Joghurt (3,5% Fett)
3 – 4 Knoblauchzehen
16 frische Pfefferminz-blättchen
1 EL Zitronensaft
2 TL Kräutersalz

Außerdem:
6 Tomaten
1 kleiner Bund Basilikum

● **Für 6 Personen**
● **Zubereitungszeit:**
   ca. 30 Minuten
● **Zeit zum Durchziehen:**
   ca. 1 Stunde
● **ca. 580 kcal je Portion**

6. Inzwischen die Tomaten waschen und die Stielansätze entfernen. Das Basilikum waschen, trockentupfen und die Blättchen abzupfen. Beides zusammen auf einer Platte anrichten.

7. Danach die Koteletts abtupfen und auf dem Grill von jeder Seite 4 bis 5 Minuten grillen.

8. Das Fleisch mit den angerichteten Tomaten und der Minzsauce servieren. Über die Sauce die restlichen Minzblättchen streuen.

Traubenbällchen E

1. Zunächst 7 gehäufte Esslöffel Kokosraspel mit dem Frischkäse mischen, bis eine modellierfähige Masse entsteht. Die restlichen Kokosraspel auf einen Teller geben.

2. Die Trauben waschen und trockentupfen. Aus dem Käse 30 kleine Kugeln formen. In die Mitte eine Mulde drücken und je 1 Traube hineinlegen. Die Käsebällchen wieder schließen und in den Kokosraspeln wälzen.

3. Anschließend die Bällchen etwa 1 Stunde kühl stellen, damit sie fest werden.

ZUTATEN

13 gehäufte EL getrocknete Kokosraspel
200 g Frischkäse
30 kleine, kernlose Trauben

- **Ergibt ca. 30 Stück**
- **Zubereitungszeit: ca. 15 Minuten**
- **Kühlzeit: ca. 1 Stunde**

TIPP

Statt der Kokosraspel können Sie auch feingehackte Kräuter oder Sesam verwenden.

Bürofete

Klassischer Heringssalat K

1. Die Heringe in kaltem Wasser etwa 12 Stunden wässern. Anschließend filetieren, entgräten, nochmals kurz abwaschen und klein schneiden. (Beim Säubern der Fische unbedingt Gummihandschuhe benutzen.)

2. Die Zwiebel schälen und anschließend in feine Ringe schneiden.

3. Die Äpfel schälen, vierteln, das Kerngehäuse entfernen und das Fruchtfleisch in schmale Spalten schneiden.

4. Die Sahne mit 300 ml Wasser und dem Molkosan verrühren. Heringsfilets, Zwiebelringe und Apfelspalten hineingeben. Lorbeerblätter und Wacholderbeeren hinzufügen und alles zugedeckt an einem kühlen Ort 24 bis 36 Stunden durchziehen lassen.

5. Danach die Lorbeerblätter entfernen und die saure Sahne darunter rühren. Mit dem gehackten Dill garnieren.

ZUTATEN

6 Salzheringe
1 große Gemüsezwiebel
2 große, mürbe Äpfel
200 g Sahne
2 EL Molkosan
2 Lorbeerblätter
5 Wacholderbeeren
250 g saure Sahne
2 EL gehackter Dill

- **Für 6 Personen**
- **Zubereitungszeit:**
  ca. 1 Stunde
- **Zeit zum Wässern:**
  ca. 12 Stunden
- **Zeit zum Durchziehen:**
  24 – 36 Stunden
- **ca. 610 kcal je Portion**

TIPP

Wenn Sie die Arbeit des Heringsputzens scheuen, können Sie auch fertige Matjesfilets verwenden. Dann ist keine Wässerung notwendig. Auch die Zeit zum Durchziehen verkürzt sich auf 8 bis 10 Stunden. Jedoch sollten Sie die Zwiebelringe dann vorher kurz in kochendem Wasser blanchieren.

Frischer Kräuterfladen 🔆

1. Die Hefe zerbröckeln, in 120 ml lauwarmem Wasser auflösen. Mit 125 g des Mehls und dem Honig zu einem Brei verrühren. Diesen mit einem Tuch abdecken und etwa 20 Minuten an einem warmen Ort gehen lassen.

2. Dann das restliche Mehl, Buttermilch, saure Sahne, Öl, Eigelbe, Meersalz, den gestoßenen Kümmel und die gehackten Kräuter hinzufügen. Alles zu einem geschmeidigen Teig verkneten.

3. Eine Springforrn (26 cm Δ) mit Butter ausfetten. Den Teig hineingeben und mit nassen Händen glattdrücken. Mit einem Tuch abdecken und an einem warmen Ort so lange gehen lassen, bis sich sein Volumen verdoppelt hat.

4. Inzwischen den Backofen auf 180°C vorheizen. Den gegangenen Teig mit der flüssigen Butter bestreichen und die Sesamkörner darauf streuen.

5. Den Kräuterfladen im Ofen auf der mittleren Schiene etwa 25 Minuten backen. Danach auskühlen lassen, aus der Form nehmen und auf einem Kuchengitter gänzlich auskühlen lassen.

ZUTATEN

1 Würfel Hefe (42 g)
400 g feines Dinkelvollkornmehl
$^1/_2$ TL Honig
100 ml Buttermilch
5 EL saure Sahne
3 EL kaltgepresstes Sonnenblumenöl
2 Eigelb
1 TL Meersalz
2 TL gestoßener Kümmel
4 TL feingehackte Kräuter (Petersilie, Dill, Kerbel, Sauerampfer, Liebstöckel)
etwas Butter für die Form
2 EL flüssige Butter
2 EL Sesamkörner

● **Für 6 Personen**
● **Zubereitungszeit: ca. 45 Minuten**
● **Zeit zum Gehen: ca. 45 Minuten**
● **ca. 450 kcal je Portion**

Apfel-Müsli-Kuchen vom Blech

1. Das Backpulver mit dem Dinkelmehl mischen. Die kalte Butter in Stücke schneiden und zusammen mit Honig, Eigelb, Meersalz und Quark in einer Schüssel zu einem geschmeidigen Teig verkneten.

2. Den Teig auf einem gefetteten Backblech ausrollen und kurze Zeit kalt stellen.

3. Die Rosinen mit kochendem Wasser überbrühen und etwa 15 Minuten quellen lassen.

4. In der Zwischenzeit die Haferflocken mit den Sonnenblumenkernen, den Sesamkörnern und den gehackten Mandeln in eine beschichtete Pfanne geben und miteinander vermischen. Das Öl, 50 ml Wasser und den Honig hinzufügen und alles bei geringer Hitze unter Rühren etwa 10 Minuten leicht rösten. Den Backofen auf 160°C vorheizen.

ZUTATEN

Für den Teig:
1 Päckchen Weinsteinbackpulver
350 g feines Dinkelvollkornmehl
150 g kalte Butter
50 g flüssiger Honig
1 Eigelb
$1/2$ TL Meersalz
250 g Quark (20% Fett i. Tr.)
Butter für das Blech

Für den Belag:
100 g ungeschwefelte Rosinen
150 g kernige Haferflocken
75 g Sonnenblumenkerne
40 g ungeschälte Sesamkörner
100 g grob gehackte Mandeln
1 EL kaltgepresstes Sonnenblumenöl
100 g flüssiger Honig
4 mürbe Äpfel
(küchenfertig ca. 600 g)

Außerdem:
150 ml geschlagene Sahne

● ergibt ca. 20 Stück
● Zubereitungszeit:
ca. 45 Minuten
● Backzeit:
ca. 40 Minuten
● ca. 250 kcal je Stück

5. Dann die Äpfel schälen, vierteln, entkernen und in kleine Würfel schneiden. Das Obst auf dem Teig verteilen. Die Rosinen abgießen und ebenfalls darüber streuen.

6. Anschließend die Haferflockenmischung gleichmäßig über die Äpfel geben. Das Blech in den Backofen schieben und den Kuchen in etwa 45 Minuten backen.

7. Den Kuchen aus dem Ofen nehmen, auskühlen lassen und in quadratische Stücke schneiden. Zu jedem Stück je nach Geschmack einen Esslöffel geschlagene Sahne reichen.

TIPPS

- **Vollkornteig lässt sich besser ausrollen, wenn Sie eine Klarsichtfolie auf den Teig legen.**
- **Äpfel zählen dann zu mürben Sorten, wenn sie etwas abgelagert sind und leicht schrumpelig werden.**

King-Salomon-Cream

1. Den Quark in einer kleinen Schüssel mit der Buttermilch cremig rühren und leicht salzen.

2. Die Zwiebel schälen und fein würfeln. Den Lachs in feine Streifen schneiden.

3. Beides unter den Quark heben und die Creme mit den Dillzweigen garnieren.

ZUTATEN

250 g Quark (40% Fett)
250 g Buttermilch
1 TL Meersalz
1 Zwiebel
250 g gebeizter Wildwasserlachs
einige Dillzweige

- **Für 6 Personen**
- **Zubereitungszeit: ca. 15 Minuten**
- **140 kcal je Portion**

TIPP

Statt Wildwasserlachs können Sie auch geräuchertes Forellenfilet verwenden.

Rohkostgemüse

1. Den Chicorée putzen, waschen längs halbieren und den bitteren Strunk keilförmig herausschneiden. Anschließend die Blätter längs halbieren.

2. Den Sellerie putzen, waschen und in die einzelnen Stangen zerteilen. Diese dann auf die Länge der Chicoréeblätter zurechtschneiden.

3. Die Zucchini putzen, waschen und in lange, etwa 1 cm breite Streifen schneiden.

4. Die Möhren putzen, waschen und längs vierteln.

5. Den Blumenkohl putzen, waschen und in kleine Röschen teilen.

6. Das Gemüse auf einem Teller anrichten und zusammen mit den Dips servieren.

ZUTATEN

1 Kolben Chicorée
$^1/_2$ Staudensellerie
1 kleine Zucchini
4 kleine Möhren
$^1/_2$ Kopf Blumenkohl

● Für 6 Personen
● Zubereitungszeit:
ca. 15 Minuten
● ca. 45 kcal je Portion

TIPP

Sie können auch Paprika hinzufügen und Brokkoli statt Blumenkohl verwenden. Den Brokkoli sollten Sie vorher kurz blanchieren. Oder Sie bereichern das Gemüse mit grünen und schwarzen Oliven.

Camembertcreme

1. Den Camembert in grobe Stücke schneiden, auf einen Teller geben und mit einer Gabel zerdrücken.

2. Die Sahnedickmilch glatt rühren und mit dem Käse mischen. Es soll eine glatte Creme entstehen.

3. Die Radieschen waschen, putzen und in feine Stifte schneiden. Den Schnittlauch waschen, trockenschütteln und in kleine Röllchen schneiden. Beides in die Käsecreme rühren. Mit dem Kümmel abschmecken.

4. Die Creme in eine Schüssel geben und das Paprikapulver hineinrühren.

ZUTATEN

250 g sehr reifer, würziger Camembert (60% Fett i. Tr.)
350 g Sahnedickmilch
12 Radieschen
1 kleiner Bund Schnittlauch
1 TL gemahlener Kümmel
1 TL Paprikapulver, edelsüß

● Für 6 Personen
● Zubereitungszeit:
ca. 15 Minuten
● ca. 230 kcal je Portion

TIPPS

Statt der Sahnedickmilch können Sie auch 200 g saure Sahne nehmen und diese mit mildem Joghurt (150 g) mischen.

Sollten Sie die Camembertcreme schon am Vortag zubereiten, ist es besser, die Radieschen und den Schnittlauch erst kurz vor dem Servieren unterzumischen.

Picknick

Partybrötchen K

1. Die Hefe in 300 ml handwarmem Wasser auflösen. Das Vollkornmehl hinzufügen und gründlich zu einem geschmeidigen Teig verarbeiten.

2. Danach zugedeckt an einem warmen Ort etwa 30 Minuten gehen lassen.

3. Anschließend den Teig kurz zusammenkneten und mit dem Meersalz, den Sonnenblumenkernen und dem Kümmel würzen.

4. Den Teig in 19 gleich große Portionen aufteilen und zu runden Brötchen formen. Auf einem mit Backpapier ausgelegten Blech in Form einer Rosette kreisförmig nebeneinander setzen, dabei kleine Zwischenräume einhalten.

5. Das Eigelb mit 2 Esslöffeln Wasser verquirlen, die Brötchen damit bestreichen und die Gewürzkörner abwechselnd darüber streuen und nochmals 15 Minuten gehen lassen.

6. Danach im vorgeheizten Backofen bei 200°C etwa 20 Minuten backen.

ZUTATEN

30 g Hefe
600 g Weizenvollkornmehl
2 TL Meersalz
30 g Sonnenblumenkerne
2 TL Kümmel
1 Eigelb
je 2 TL Kümmel, Sesam, Mohn

- **Für 19 Brötchen**
- **Zubereitungszeit: ca. 45 Minuten**
- **Zeit zum Gehen: ca. 45 Minuten**
- **ca. 130 kcal je Brötchen**

Exotischer Sommersalat N

1. Die Fenchelknolle waschen, putzen, halbieren und quer in hauchdünne Streifen schneiden.

2. Die Mango schälen. Das Fruchtfleisch vom Kern abschneiden und grob würfeln.

3. Von der Ananas Kopf und Boden abschneiden. Die Frucht schälen, der Länge nach achteln und die Innenstrünke abschneiden. Das Fruchtfleisch in kleine Stücke schneiden.

4. Die Radicchioköpfe von den Strünken und den Außenblättern befreien, halbieren und in feine Streifen schneiden. Anschließend waschen und trockenschleudern. Die Zucchini putzen, waschen und fein würfeln.

5. Die vorbereiteten Zutaten in einer Schüssel mischen.

6. Für die Sauce den Orangensaft mit dem Zitronensaft und der Buttermilch verrühren. Alles mit Kräutersalz, Kardamom, Ingwer, Piment, Frutilose und Cayennepfeffer abschmecken.

7. Die Rosinen kurz abspülen und abtropfen lassen. In die Sauce geben und diese über den Salat gießen.

8. Den Salat gut durchkühlen lassen und für den Transport in eine verschließbare Plastikschüssel geben.

ZUTATEN

Für den Salat:
1 große Fenchelknolle
1 große, reife Mango
1 kleine Ananas
2 kleine Köpfe Radicchio
1 kleine Zucchini

Für die Sauce:
200 ml frisch gepresster Orangensaft
2 EL Zitronensaft
200 ml Buttermilch
2 TL Kräutersalz
1 TL gemahlener Kardamom
1 EL frisch geriebener Ingwer
$^{1}/_{2}$ TL Pimentpulver
1 TL Frutilose
$^{1}/_{4}$ TL Cayennepfeffer
4 EL ungeschwefelte Rosinen

● **Für 4 Personen**
● **Zubereitungszeit: ca. 30 Minuten**
● **ca. 220 kcal je Portion**

Frikadellen E

1. Die Möhren putzen, schälen und sehr fein reiben. Die Zwiebel schälen und fein hacken.

2. Das Hackfleisch in eine Schüssel geben und mit dem Ei, dem Gemüse und den Gewürzen verkneten.

3. Aus dem Fleischteig 8 Frikadellen formen und im heißen Fett so lange von beiden Seiten braten, bis sie schön braun sind. Anschließend abkühlen lassen und für den Transport in eine flache Schale mit Deckel geben.

ZUTATEN

4 mittelgroße Möhren
1 große Zwiebel
800 g Rinder- oder Lamm-hackfleisch
1 frisches Ei
3 TL Kräutersalz
$^1/_2$ TL Chilipulver
2 TL Paprikapulver, edelsüß
5 EL kaltgepresstes Sonnen-blumenöl

● Für 4 Personen
● Zubereitungszeit:
ca. 35 Minuten
● ca. 600 kcal je Portion

Eier mit Kräutersauce E

1. Die Eier hart kochen, mit kaltem Wasser abschrecken und pellen.

2. Die Kräuter waschen, verlesen, trockenschütteln und sehr fein hacken. Die saure Sahne mit Joghurt, Sahnedickmilch, Zitronensaft, Öl und Kräutersalz gut untermischen.

3. Zwei der gekochten Eier in kleine Würfel schneiden und zur Sauce geben. Die restlichen Eier halbieren und auf einen Teller legen.

4. Die Paprikaschote waschen, entkernen, 8 Dreiecke zum Garnieren herausschneiden und den Rest in schmale Streifen schneiden.

5. Danach je eine Olive zusammen mit einem Paprikadreieck auf einen Spieß stecken und damit die 8 Eihälften garnieren. Alles mit dem Kräutersalz und dem Paprikapulver bestäuben.

6. Die Paprikastreifen zusammen mit den Eiern und der Sauce anrichten.

Rosa Quarkspeise E

6 Eier
1 TK-Packung Kräuter für
grüne Sauce oder je einige
Zweige Petersilie, Pimpernelle,
Kerbel, Dill, Schnittlauch,
Sauerampfer, Estragon, Zitronenmelisse, Borretsch
200 g saure Sahne
125 g Joghurt (3,5% Fett)
175 g Sahnedickmilch
1 TL Zitronensaft
1 EL kaltgepresstes Sonnenblumenöl
1 $1/2$ TL Kräutersalz
1 rote Paprikaschote
8 gefüllte grüne Oliven
1 – 2 TL Paprikapulver edelsüß

- Für 4 Personen
- Zubereitungszeit:
  ca. 30 Minuten
- ca. 370 kcal je Portion

TIPPS

- Leichte, gut verschließbare
  Kunststoffdosen sind bestens
  geeignet für den Transport der
  Speisen.
- Als Getränke eignen sich
  Früchtetees, verdünnte Obst-
  säfte und Mineralwasser.
  Gute Dienste leisten Kühl-
  manschetten für Flaschen und
  Kühlakkus für die Speisen.

1. Die Kirschen waschen und entkernen. Einige schöne Früchte
beiseite legen. Die restlichen mit
dem Schneidstab grob pürieren.

2. Den Quark mit der Buttermilch und dem Zitronensaft cremig rühren. Mit dem Ahornsirup
süßen und das Kirschpüree da-
runterrühren. In eine gut verschließbare Schüssel geben.

3. Die restlichen Kirschen halbieren und die Quarkspeise damit
garnieren.

300 g frische Süßkirschen
400 g Quark (20% Fett i. Tr.)
100 ml Buttermilch
2 EL Zitronensaft
4 EL Ahornsirup

- Für 4 Personen
- Zubereitungszeit:
  ca. 20 Minuten
- ca. 890 kcal je Portion

TIPP

Statt der Kirschen können Sie
auch andere Früchte der Saison
verwenden, z.B. Pfirsiche,
Nektarinen oder Beeren.

Kleiner Picknicksalat E

1. Die Tomaten über Kreuz einritzen, kurz mit kochendem Wasser überbrühen und enthäuten. Dann von den Stielansätzen befreien und würfeln.

2. Die Zucchini waschen, putzen, der Länge nach vierteln und in etwa 1 cm große Stücke schneiden. Im heißen Öl unter Wenden etwa 5 Minuten braten. Anschließend auskühlen lassen.

3. Die Tomaten mit den Zucchiniwürfeln mischen. Den Mais hinzufügen und alles mit dem Zitronensaft beträufeln. Den Salat mit dem Meersalz würzen und mit den gehackten Oreganoblättchen bestreuen. Für den Transport den Salat in eine gut verschließbare Schüssel geben.

ZUTATEN

4 Tomaten
2 Zucchini
3 EL kaltgepresstes Olivenöl
200 g aufgetaute TK-Maiskörner
1 EL Zitronensaft
1 TL Meersalz
2 – 3 EL Oreganoblättchen

● **Für 4 Personen**
● **Zubereitungszeit:**
   ca. 15 Minuten
● **ca. 630 kcal je Portion**

Früchtecocktail E

1. Die Rosinen kurz waschen, danach mit dem Himbeergeist beträufeln und etwa 15 Minuten ziehen lassen.

2. Inzwischen die Weintrauben waschen, halbieren und entkernen. Die Orange schälen, in Filets schneiden und diese halbieren.

3. Die Melone halbieren und die Kerne entfernen. Mit einem Kugelausstecher kleine Kugeln aus der Frucht herauslösen.

4. Die Karambole waschen, abtrocknen und in dünne Scheiben schneiden. Den Apfel waschen, vierteln, entkernen und in kleine Würfel schneiden. Sofort mit dem Zitronensaft beträufeln.

5. Den frisch gepressten Orangensaft mit dem Kardamom und dem Zimt verrühren und mit der Frutilose leicht süßen. Die eingelegten Rosinen hinzufügen und die Sauce mit den vorbereiteten Früchten mischen.

6. Den Früchtecocktail in eine Schüssel füllen und mit den Himbeeren und den Minzblättchen hübsch garnieren.

ZUTATEN

Für den Cocktail:
4 EL ungeschwefelte Rosinen
4 EL Himbeergeist
200 g Weintrauben
1 Orange
1 kleine, reife Netzmelone
1 Karambole
1 säuerlicher Apfel
1 EL Zitronensaft

Für die Sauce:
100 ml frisch gepresster Orangensaft
$^1/_2$ TL Kardamom
1 TL Zimtpulver
2 EL Frutilose

Außerdem:
50 g frische oder TK-Himbeeren
1 Zweig Minze

Für 4 Personen
Zubereitungszeit:
ca. 30 Minuten
ca. 190 kcal je Portion

TIPPS

Sie können die Rosinen statt im Himbeergeist auch in Wasser einweichen.
Die Karambole ist eine gelbfarbene Frucht, die leicht säuerlich schmeckt.

Italienisches Menü

Lachspizza ✦

1. Die Hefe in 130 ml warmem Wasser auflösen und mit der Hälfte des Vollkornmehls zu einem Vorteig verrühren. Diesen etwa 20 Minuten an einem warmen Ort gehen lassen.

2. Anschließend das restliche Mehl, Olivenöl und das Meersalz hinzufügen und alles zu einem geschmeidigen Teig verkneten.

3. Eine Pizza- oder Kuchenform (28 cm Ø) mit Butter ausfetten, den Teig gleichmäßig auf dem Boden verteilen und mit einer Gabel mehrmals einstechen. Ihn anschließend nochmals etwa 20 Minuten zugedeckt an einem warmen Ort gehen lassen, bis er doppelt so dick ist.

4. Inzwischen die Zwiebel schälen, und in feine Streifen schneiden. Den Backofen auf 200°C vorheizen.

5. Die Zwiebel in dem Olivenöl andünsten und mit dem Kräutersalz und dem Oregano würzen. Sie dann auf dem Teig verteilen.

6. Die Pizzaform in den Backofen stellen und in etwa 15 bis 18 Minuten backen.

ZUTATEN

● **Für den Teig:**
1 Würfel Hefe (42 g)
200 g feines Dinkelvollkornmehl
1 TL kaltgepresstes Olivenöl
1 TL Meersalz
etwas Butter für die Form

● **Für den Belag:**
1 große Gemüsezwiebel
2 EL kaltgepresstes Olivenöl
1 TL Kräutersalz
1 TL Oregano

● **Außerdem:**
150 g saure Sahne
$^1/_2$ TL Meersalz
1 EL gehackter Dill
200 g Graved Lachs
1 – 2 Dillzweige

● **Für 4 Personen**
● **Zubereitungszeit:**
ca. 1 Stunde
● **Backzeit:**
ca. 18 Minuten
● **ca. 420 kcal je Portion**

7. Inzwischen die saure Sahne mit dem Meersalz und dem gehackten Dill verrühren und mit dem Lachs auf der gebackenen, noch heißen Pizza verteilen. Mit den Dillzweigen garnieren.

Spaghetti mit Brokkolisauce K

1. Den Brokkoli putzen, waschen und in Röschen zerteilen. In der Brühe in etwa 12 Minuten zugedeckt dünsten.

2. Anschließend die Brühe abgießen und beiseite stellen. Den Brokkoli mit dem Schneidstab pürieren. Die Sahne hinzufügen und die Sauce nach Belieben mit der Brühe verdünnen. Anschließend die Sauce mit dem Muskat und dem durch eine Presse gedrückten Knoblauch würzen.

3. Die Mandelblättchen in einer beschichteten Pfanne ohne Fett goldbraun rösten. Beiseite stellen.

4. Die Spaghetti in reichlich leicht gesalzenem Wasser bissfest garen. Anschließend abgießen, kalt abschrecken und gut abtropfen lassen.

5. Die Spaghetti auf 4 Teller verteilen. Die Sauce darüber geben und alles mit den gerösteten Mandelblättchen bestreuen.

ZUTATEN

500 g Brokkoli
$^1/_2$ l vegetarische Gemüsebrühe (aus Instantpulver)
60 ml Sahne
1 TL frisch geriebene Muskatnuss
1 – 2 Knoblauchzehen
10 TL Mandelblättchen
400 g Vollkornspaghetti
1 TL Meersalz

• **Für 4 Personen**
• **Zubereitungszeit: ca. 30 Minuten**
• **ca. 470 kcal je Portion**

Sahnecreme auf Heidelbeermark 🔥

1. Die Gelatine in kaltem Wasser etwa 10 Minuten einweichen.

2. Die Vanilleschote aufschlitzen und das Mark mit einem spitzen Messer auskratzen. Die Sahne mit dem Vanillemark und der Schote aufkochen. Dann die Schote herausnehmen und entfernen. Die Sahne mit dem Honig süßen.

3. Die Gelatine gut ausdrücken und in der heißen Sahne auflösen.

4. Dann 4 kleine Förmchen oder Schalen mit kaltem Wasser ausspülen. Die Sahnecreme hineinfüllen und im Kühlschrank in etwa 3 Stunden erstarren lassen.

5. Die Heidelbeeren waschen, pürieren, durch ein Sieb streichen und mit dem Ahornsirup süßen.

6. Das Heidelbeermark mit dem Obstbrand verrühren und als Spiegel auf 4 Teller geben. Die Förmchen kurz in heißes Wasser tauchen und die Creme mit einem spitzen Messer vorsichtig vom Rand lösen.

7. Die Creme auf die Fruchtspiegel stürzen. Mit den gewaschenen Zitronenmelisseblättchen und den geschälten, in Scheiben geschnittenen Feigen garnieren.

ZUTATEN

Für die Creme:
6 Blatt weiße Gelatine
$^1/_2$ l Sahne
1 Vanilleschote
2 EL flüssiger Honig
300 g Heidelbeeren
3 EL Ahornsirup
2 EL Obstbrand

Zum Garnieren:
einige Blättchen Zitronenmelisse
2 frische Feigen

● **Für 4 Personen**
● **Zubereitungszeit:**
ca. 20 Minuten
● **Kühlzeit:**
ca. 3 Stunden
● **ca. 530 kcal je Portion**

Zucchini mit kalter Tomatensauce N

1. Die Zucchini waschen, putzen, trockenreiben und in etwa 1 cm dicke Scheiben schneiden.

2. Das Öl in einer Pfanne erhitzen. Die Zucchinischeiben darin unter Wenden gut goldbraun braten. Anschließend auf Küchenkrepp abtropfen lassen.

3. In der Zwischenzeit die Tomaten waschen, die Stielansätze entfernen und die Früchte mit dem Schneidstab pürieren.

4. Den Knoblauch schälen, durch eine Presse drücken und zu den Tomaten geben. Meersalz, Öl und die gehackten Basilikumblättchen dazugeben und gut durchmixen.

5. Die Sauce über die noch warmen, auf einer Platte angerichteten Zucchinischeiben gießen. Mit den gewaschenen Basilikumzweigen garnieren.

ZUTATEN

Für die Zucchini:
4 Zucchini (800 g)
10 EL kaltgepresstes Olivenöl
500 g reife Tomaten
2 – 3 Knoblauchzehen
1 TL Meersalz
2 EL kaltgepresstes Olivenöl
6 EL grob gehackte Basilikumblättchen

Zum Garnieren:
4 Basilikumzweige

Für 4 Personen
Zubereitungszeit:
ca. 20 Minuten
ca. 380 kcal je Portion

Minestrone à la Peppi

ZUTATEN

1 große Stange Lauch
3 mittelgroße Möhren
1 Zucchini (ca. 300 g)
1 – 2 Knoblauchzehen
2 EL kaltgepresstes Olivenöl
1 kleine, rote Chilischote
600 ml vegetarische Gemüsebrühe (aus Instantpulver)
3 EL feingehackte Kräuter
(Thymian, Rosmarin,
Basilikum)

● Für 4 Personen
● Zubereitungszeit:
ca. 25 Minuten
● ca. 120 kcal je Portion

1. Den Lauch gründlich putzen und waschen. Die Stange der Länge nach halbieren und quer in schmale Streifen schneiden.

2. Die Möhren waschen, schälen und in dünne Stifte schneiden.

3. Die Zucchini putzen und klein würfeln. Den Knoblauch grob hacken.

4. Das Öl in einem Topf erhitzen und den Knoblauch und die Chilischote darin kurz anbraten. Anschließend das Gemüse hinzufügen und unter Rühren gut anschmoren. Dann die Gemüsebrühe dazugießen und das Ganze zugedeckt bei schwacher Hitze 10 Minuten köcheln lassen. Die Chilischote entfernen und die Suppe mit den gehackten Kräutern garnieren.

Fenchelrohkost

1. Die Fenchelknollen waschen, putzen, halbieren und quer in hauchdünne Streifen schneiden oder hobeln. Etwas Fenchelgrün beiseite legen.

2. Das Öl mit dem Meersalz kräftig verrühren und über den Fenchel träufeln.

3. Die Rohkost mit dem Fenchelgrün garnieren.

ZUTATEN

2 kleine Fenchelknollen
6 EL kaltgepresstes Olivenöl
1 TL Meersalz

- Für 4 Personen
- Zubereitungszeit:
  ca. 15 Minuten
- ca. 180 kcal je Portion

TIPP

Ein gutes Olivenöl und frischer Knoblauch sollten in keinem italienischen Gericht fehlen. Auch geben verschiedene Kräuter, wie Oregano, Thymian, Rosmarin, Salbei und Basilikum den Speisen die oft typisch italienische Note. Viele Kräuter können frisch oder getrocknet direkt mitgekocht werden, mit einer Ausnahme: mit Basilikum sollten Sie erst am Schluss würzen, da es sonst an Aroma verliert.

Weihnachtsmenü

Nussknackersalat

1. Den Feldsalat verlesen, gut waschen, trockentupfen. Den Frisée putzen, waschen, trockentupfen und in mundgerechte Stücke zupfen.

2. Die Paprikaschote halbieren, putzen, entkernen, waschen und fein würfeln.

3. Die Tomaten waschen, die Stielansätze entfernen und halbieren. Die Feigen schälen und in Scheiben schneiden.

4. Die Salatzutaten dekorativ auf 4 Tellern anrichten. Die Nüsse darüber streuen.

5. Für die Sauce die saure Sahne mit der Brühe cremigrühren. Mit Frutilose, Piment und Kreuzkümmel würzen und über den Salat geben.

6. Die Kresse abspülen, abschneiden und trockentupfen. Auf den Salat streuen.

ZUTATEN

Für den Salat:
100 g Feldsalat
1 kleiner Kopf Friséesalat
1 gelbe Paprikaschote
12 Kirschtomaten
2 frische Feigen
8 EL grob gehackte Walnüsse
8 EL grob gehackte Cashewkerne

Für die Sauce:
200 g saure Sahne
100 ml kalte, vegetarische Gemüsebrühe (aus Instantpulver)
1 TL Frutilose
$^1/_2$ TL Pimentpulver
1 Prise gemahlener Kreuzkümmel
$^1/_2$ Kästchen Kresse

Für 4 Personen
Zubereitungszeit:
ca. 25 Minuten
ca. 520 kcal je Portion

Flambierte Pilzsahne

1. Die Champignons putzen, kurz waschen und in feine Scheiben schneiden.

2. Die Zwiebel schälen, fein würfeln und in der Butter glasig dünsten.
3. Die Champignons hinzufügen und gut mitdünsten. 400 ml Wasser und die Sahne angießen. Anschließend das Ganze mit Brühe, Meersalz, Petersilie, Piment, Majoran und Cayennepfeffer gut würzen und zugedeckt etwa 10 Minuten köcheln lassen.

4. Die Kartoffelstärke mit 80 ml kaltem Wasser glatt rühren. Die Sauce damit binden.

5. Den Obstbrand in eine kleine Pfanne geben, leicht erwärmen und mit einem Streichholz anzünden. Die brennende Flüssigkeit über die Pilzsahne geben und ausbrennen lassen. Die Sauce zusammen mit den Klößen servieren.

ZUTATEN

1 kg Champignons
1 große Zwiebel
3 EL Butter
200 ml Sahne
2 – 3 EL vegetarische Gemüsebrühe (aus Instantpulver)
1 – 2 TL Kräutersalz
3 EL fein gehackte Petersilie
1 1/2 TL Pimentpulver
2 TL fein gehackter Majoran
1/2 TL Cayennepfeffer
1 gehäufter TL Kartoffelstärke
100 ml Obstbrand
(mindestens 40 Vol-%)

● **Für 4 Personen**
● **Zubereitungszeit:**
   ca. 45 Minuten
● **ca. 340 kcal je Portion**

TIPP

Zum Flambieren muss der Obstbrand mindestens 40 Vol-% Alkohol haben. Zünden Sie den Alkohol in der Pfanne mit einem langen Streichholz vorsichtig an, damit Sie sich nicht verbrennen. Und bitte niemals Alkohol in die brennende Speise nachgießen, sonst kann die ganze Flasche Feuer fangen.

Semmelknödel

1. Die Brötchen kleinwürfeln, mit 400 ml heißem Wasser und der Sahne übergießen und etwa 15 Minuten einweichen.

2. Inzwischen die Zwiebel schälen, fein würfeln und in der zerlassenen Butter glasig dünsten.

3. Die eingeweichten Brötchen grob zerpflücken, Zwiebel, Kräutersalz, Eigelb und gehackte Kräuter unterkneten.

4. Aus dem Teig 8 gleich große Klöße formen. Diese in siedendem, leicht gesalzenem Wasser offen 12 bis 15 Minuten garziehen lassen.

ZUTATEN

7 Vollkornbrötchen
à 75 g vom Vortag
100 ml Sahne
1 Zwiebel
1 ¹/₂ EL Butter
1 TL Kräutersalz
1 Eigelb
5 EL feingehackte Petersilie
3 TL feingehackter Majoran
etwas Meersalz

● Für 4 Personen
● Zubereitungszeit:
   ca. 1 Stunde
● ca. 420 kcal je Portion

Geeiste Kokosnuss-creme

1. Das Kokosfleisch klein schneiden und mit 250 ml Buttermilch, Honig, Meersalz und Minzeblättchen sehr fein pürieren.

2. Das Eigelb mit dem Ahornsirup cremigrühren und zur Kokosmischung geben.

3. Die Masse in einen Topf umfüllen. Unter ständigem Rühren bei mittlerer Hitze bis kurz vor den Siedepunkt erhitzen, bis die Flüssigkeit beginnt cremig zu werden. Die Creme darf auf keinen Fall kochen, sonst gerinnt das Eigelb.

4. Anschließend die Creme unter gelegentlichem Rühren abkühlen lassen. Im Gefrierschrank etwa 2 Stunden gefrieren lassen.

5. Danach die restliche Buttermilch über die gefrorene Kokoscreme gießen und alles mit einer Gabel fein zerdrücken.

6. Die Kokoscreme in 4 Dessertschälchen füllen. Die Banane schälen, in dünne Scheiben schneiden und die geeiste Creme damit garnieren.

ZUTATEN

Für die Creme:
75 g frisches Kokosnussfleisch (geschält)
500 ml Buttermilch
80 g flüssiger Honig
1 Msp. Meersalz
6 Minzeblättchen
1 Eigelb
2 EL Ahornsirup

Zum Garnieren:
1 kleine Banane

Für 4 Personen
Zubereitungszeit:
ca. 15 Minuten
Gefrierzeit:
1 $^1/_2$ – 2 Stunden
ca. 220 kcal je Portion

TIPP

Da es zur Weihnachtszeit keine frischen Minzeblättchen gibt, sollten Sie diese rechtzeitig im Herbst einfrieren.

Weihnachtsstollen ĸ

1. Die Rosinen kurz waschen, mit dem Rum übergießen und kurze Zeit quellen lassen.

2. Etwa ein Drittel des Mehls auf eine Arbeitsfläche geben und mit dem Backpulver mischen. In die Mitte des Mehls eine Vertiefung drücken und die in Stückchen geschnittene, kalte Butter hineingeben.

3. Eigelbe, Meersalz, abgeriebene Zitronenschale, Vanillepulver, Kardamom und Muskatblüte hinzufügen und zu einem geschmeidigen Vorteig verkneten.

4. Den Backofen auf 160°C vorheizen. Nun den Quark und die Sahnedickmilch mit dem Honig, den Mandeln und den gequollenen Rosinen zum Teig geben und alles miteinander verkneten. Dabei nach und nach das restliche Mehl dazugeben, sodass ein fester Teig entsteht.

5. Den Teig zu einem Stollen formen und mit der Butter bestreichen. Ihn dann auf ein gefettetes Blech geben und im Ofen in etwa 60 Minuten backen.

6. Danach den Stollen leicht auskühlen lassen und mit den gemahlenen Mandeln bestreuen.

ZUTATEN

Für den Stollen:
250 g ungeschwefelte Rosinen
70 ml Rum
750 g feines Dinkelvollkornmehl
2 Päckchen Weinsteinbackpulver
180 g kalte Butter
2 Eigelbe
1 TL Meersalz
1 EL abgeriebene Schale einer unbehandelten Zitrone
1 TL Vanillepulver
1 $\frac{1}{2}$ TL gemahlener Kardamom
1 TL Muskatblüte
250 g Quark
100 g Sahnedickmilch
225 g flüssiger Honig
180 g grob gehackte Mandeln
etwas Butter für die Form

Außerdem:
etwas zerlassene Butter zum Bestreichen
2 EL fein gemahlene Mandeln

● **Für ca. 20 Stück**
● **Zubereitungszeit: ca. 45 Minuten**
● **Backzeit: ca. 60 Minuten**
● **ca. 380 kcal je Stück**

Gekräutertes Lauch-cremesüppchen

1. Den Lauch putzen, der Länge nach aufschneiden, waschen und in Ringe schneiden. In der Butter glasig dünsten.

2. Den Lauch mit der Brühe ablöschen und bei mäßiger Hitze 12 bis 15 Minuten köcheln lassen.

3. Dann die Suppe mit dem Schneidstab pürieren. Die Sahne unterrühren und die Suppe mit Muskat sowie Cayennepfeffer abschmecken.

4. Die Kräuter waschen, trocken-tupfen und sehr fein hacken und unter die Suppe ziehen.

5. Die Mandelblättchen in einer beschichteten Pfanne ohne Fett kurz goldbraun rösten. Die Suppe in 4 Teller geben und mit den Mandelblättchen bestreuen.

ZUTATEN

1 Stange Lauch
1 EL Butter
$^3/_4$ l vegetarische Gemüsebrühe
(aus Instantpulver)
50 ml Sahne
$^1/_2$ TL geriebene Muskatnuss
$^1/_4$ TL Cayennepfeffer
1 kleiner Bund gemischte
Kräuter (glatte Petersilie,
Liebstöckel)
8 TL Mandelblättchen

- Für 4 Personen
- Zubereitungszeit:
  ca. 30 Minuten
- ca. 160 kcal je Portion

TIPP

Weihnachten ist ein Fest der Liebe. Darum einmal ein Menü ohne Fleisch. Wenn Sie trotzdem auf die gebratene Gans nicht verzichten möchten, können Sie diese mit Sauce und Rotkraut genießen. Diese Mahlzeit zählt dann zu den Eiweißen.

Rezeptverzeichnis nach Rubriken

K Kohlenhydratgericht   **N** neutrales Gericht   **E** Eiweißgericht

Salate und kleine Gerichte

Hauptgerichte

Desserts und Gebäck

Drinks und Cocktails

Alphabetisches Rezeptverzeichnis

K Kohlenhydratgericht   **N** neutrales Gericht   **E** Eiweißgericht

Register

Anschrift der Autorin

Allen Leserinnen und Lesern, die mehr über die Trennkost erfahren wollen, gibt die Autorin dieses Buches gerne Auskunft. Die Adresse lautet:

● Ursula Summ
  Am Wickerbach 5c
  65719 Hofheim-Wallau
  Telefon: 0 61 22 / 42 70

Das Superbuch der Trennkost
Von U. Summ – 176 S., gebunden
ISBN: 3-8068-**7368**-2
Preis: DM 39,90

Mit der Trennkost, einem der erfolgreichsten Ernährungskonzepte unserer Zeit, fällt gesundes und genussvolles Abnehmen leicht. Mit Trennkost-Abc, 7-Tage-Power-Plan und vielen neuen Rezepten.

Meine Trennkost für Einsteiger
Von U. Summ – 112 S., gebunden
ISBN: 3-8068-**4996**-X
Preis: DM 19,90

Das Buch hilft Ihnen mit zahlreichen Rezeptideen, Mahlzeitenkombinationen und Trennungsplan bei Ihrem Einstieg.

Das große Buch der Trennkost
Von U. Summ – 128 S., gebunden
ISBN: 3-8068-**4498**-4
Preis: DM 29,90

Was verbirgt sich hinter dem Wort Trennkost? Dieses Buch beantwortet alle Fragen zum Thema Trennkost und präsentiert über 130 neue Rezepte für einzelne Tagesmahlzeiten.

Trennkost 14-Tage-Diät
Von U. Summ – 80 S., kartoniert
ISBN: 3-8068-**2375**-8
Preis: DM 19,90

Einfach, schnell und ohne auf etwas verzichten zu müssen Ihrem Wunschgewicht entgegen.

Trennkost für 1 Person
Von U. Summ – 112 S., gebunden
ISBN: 3-8068-**4851**-3
Preis: DM 29,90

Schnelle Rezepte für Singles! In diesem Buch finden Sie über 60 schnell zubereitete, kreative Gerichte für alle Mahlzeiten des Tages.

Trennkost-Gerichte für Berufstätige
Von U. Summ – 64 S., kartoniert
ISBN: 3-8068-**1929**-7
Preis: DM 9,90

Berufstätige, die sich trotz Zeitmangel und Streß mit Trennkost ernähren möchten, finden in diesem Buch grundlegende Informationen und abwechslungsreiche Rezepte für den ganzen Tag – mit Extrakapitel für Gerichte zum Mitnehmen.

Die aktuelle Trennkost-Tabelle
Von U. Summ – 80 S., kartoniert
ISBN: 3-8068-**1871**-1
Preis: DM 14,90
Eine umfassende Tabelle mit allen wichtigen Lebensmitteln und vielen Gerichten, die im Hinblick auf die Trennkost bewertet wurden.

Vegetarische Trennkost-Küche
Von U. Summ – 128 S., kartoniert
ISBN: 3-635-**60384**-8
Preis: DM 14,90

Tolle Rezepte für eine vegetarische sechswöchige Trennkostkur.

Stand der Preise: 1.6.1999. Änderungen vorbehalten

Johann Lafers Kochschule
Von J. Lafer – 416 S., über 860 Farbfotos,
gebunden
ISBN: 3-8068-**7372**-0
Preis: DM 69,90

Kochen lernen mit dem Profi. Diese Kochschule zeigt Ihnen, wo's in der Küche langgeht. Für Sie gibt der 2-Sterne-Koch hier sein Wissen gebündelt weiter und lässt sich gerne über die Schulter schauen.

Italienische Küche
Von M. Kaltenbach – 224 S., gebunden
mit Schutzumschlag
ISBN: 3-8068-**4830**-0
Preis: DM 49,90

Entdecken Sie die kulinarische Vielfalt der Feinschmeckerregionen von Piemont bis Sizilien. Dieses Kochbuch verbindet Rezepte und Weinempfehlungen mit Wissenswertem zu Land und Leuten.

Amerikanische Küche
Von C. Stevenson, P. Niebergall – 128 S.,
gebunden mit Schutzumschlag
ISBN: 3-8068-**7308**-9
Preis: DM 39,90

So facettenreich wie das Land, so vielfältig ist auch die Küche. In diesem Kochbuch werden die einzelnen Regionalküchen der USA und deren Gerichte vorgestellt und alle Rezepte ausführlich beschrieben.

Die Küche Mallorcas
Von S. Kirsch – 96 S., kartoniert
ISBN: 3-8068-**2195**-X
Preis: DM 16,90

Die Insel Mallorca ist nicht nur ein beliebtes Ferienziel, sondern hat auch ihren besonderen kulinarischen Reiz. In diesem Band warten über 60 Originalrezepte darauf, ausprobiert zu werden.

Gewürzlexikon
Von U. Bültjer – 312 S., gebunden
ISBN: 3-8068-**4980**-3
Preis: DM 46,–

Eine unendlich große Auswahl an Würzzutaten aus der ganzen Welt steht uns heute zur Verfügung. Dieses Buch soll Sie mit dieser Vielzahl vertraut und sicher in der Anwendung machen.

Raclette
Von S. Kieslich – 64 S., kartoniert
ISBN: 3-8068-**1964**-5
Preis: DM 9,90

Wer gerne Freunde zum Essen einlädt, sich vorher aber nicht stundenlang um die Vorbereitung kümmern möchte, für den ist ein Raclette einfach ideal. Dieses Buch präsentiert Ihnen über 50 Rezepte für jeden Geschmack und ein Extrakapitel für köstliche Beilagen.

Die neue Länderküchenreihe für Feinschmecker

Küche des Orients
ISBN: 3-8068-**7455**-7

7459-X	Afrika
7456-5	Japan
7457-3	Cajun
7458-1	Mexiko
7460-3	Karibik

Neue kulinarische Erfahrungen: Darauf haben immer mehr Feinschmecker Appetit. Fremde Düfte durchziehen die Küche, ungewöhnliche Gewürze und exotische Kombinationen regen die Kreativität an. Diese Bände zeigen Kontinente, Küchenkulturen und Lieblingsgerichte von ihrer schönsten Seite.

Alle Bände haben 64 Seiten, sind durchgehend vierfarbig, gebunden und kosten **DM 19,90**

Sushi, Wan Tan & Co.
Von S. Kirsch – 96 S., kartoniert
ISBN: 3-8068-**2136**-4
Preis: DM 16,90

Snacken auf asiatische Art. Neben Sushi-rezepten werden in diesem Buch eine Fülle an anderen kleinen Köstlichkeiten präsentiert. Zahlreiche Tipps helfen Ihnen beim Zubereiten der Gerichte.

Japanische Küche
Von M. Kaltenbach – 64 S., kartoniert
ISBN: 3-8068-**1958**-0
Preis: DM 9,90

Sushi
Von M. Okamoto, C. Buck –
72 S., japanische Bindung
ISBN: 3-8068-**7424**-7
Preis: DM 49,90

Ein Sushi-Buch, dessen Gestaltung die Besonderheiten der japanischen Kultur auf kongeniale Art und Weise umsetzt und Sie begeistern wird. Philosophische Weisheiten zum Thema Essen, eine Einführung in die japanische Tischkultur und natürlich viele leckere Sushi-Rezepte entführen Sie in eine köstliche Welt.

Thailand
Von B. Aepli – 128 S., gebunden
ISBN: 3-8068-**4945**-5
Preis: DM 34,90

Über 70 exotische Rezepte landestypischer Alltagsgerichte und eine Einführung in die thailändische Esskultur.

Indien
Von S. Dhawan – 128 S., gebunden
ISBN: 3-8068-**7370**-4
Preis: DM 39,90

Die besten Rezepte der traditionellen indischen Küche und viele interessante Informationen über Kultur und Tradition.

Tortilla, Salsa & Tequila
Von C. Zingerling – 64 S., kartoniert
ISBN: 3-8068-**2128**-3
Preis: DM 9,90

FALKEN

Stand der Preise: 1.6.1999. Änderungen vorbehalten

Die neue Rückenschule
Von K. Haak – 64 S., kartoniert
ISBN: 3-8068-**2146**-1
Preis: DM 16,90

Die Zahl der Menschen, die von Rückenschmerzen betroffen sind, ist sehr groß. Die
„neue Rückenschule" bietet Ihnen ein
ganzheitliches Konzept, mit dem Sie
Rückenschmerzen wirkungsvoll begegnen
und die verschiedenen Ursachen bekämp-
fen können.

Rheuma
Von Prof. Dr. med. K. Gräfenstein –
128 S., kartoniert
ISBN: 3-8068-**2000**-7
Preis: DM 19,90

Aktiv gegen die Erkrankung angehen an-
statt zu resignieren ist die Devise. Dieser
Ratgeber enthält eine Vielzahl von Anregungen zur Selbsthilfe mit erprobten rheuma-
gymnastischen Übungen und Hilfsmitteln.

Traditionelle Chinesische Medizin
Von D. Accolla, P. Yates – 368 S., gebunden
ISBN: 3-8068-**7381**-X
Preis: DM 49,90

Harmonie, Ganzheit und Gleichgewicht
sind die Schlüsselbegriffe der Traditionellen
Chinesischen Medizin. Dieser Ratgeber
informiert Sie umfassend über das Ver-
ständnis von Krankheiten aus fernöstlicher
Sicht, Mittel und Wege, Krankheiten zu
vermeiden und die Möglichkeiten der
Selbstbehandlung.

Heilen und vorbeugen mit Wein
Von Dr. med. F.-A. Graf v. Ingelheim,
I. Swoboda – 96 S., kartoniert
ISBN: 3-635-**60311**-2
Preis: DM 14,90

Im Wein ist Gesundheit! Das wussten
schon die alten Griechen. Auch Wissenschaftler haben die lebensverlängernde
und vorbeugende Wirkung des Rebensaftes
bewiesen. Dieser Ratgeber fasst die
Anwendungen und Wirkungen der wohl-
schmeckenden Medizin zusammen.

Autogenes Training
Von R. Faller – 110 S., kartoniert
ISBN: 3-635-**60009**-1
Preis: DM 9,90

Durch autogenes Training haben bereits
Millionen Menschen zu mehr Lebensfreude
und Selbstsicherheit gefunden. Die Übungen in diesem Buch führen stufenweise
zur positiven Beeinflussung der seelischen
Haltung und zu völliger Entspannung.

Was bedeuten Ihre Laborwerte?
Von Dr. med. M. G. Baer – 80 S., kartoniert
ISBN: 3-635-**60476**-3
Preis: DM 9,90

Dieser Ratgeber macht Sie zum kompeten-
ten Gesprächspartner Ihres Arztes. Medizi-
nische Fachterminologien und Erläuterun-
gen aller wichtigen Untersuchungen werden präzise und verständlich erklärt, damit
Sie die Ergebnisse besser verstehen und
hinterfragen können.

Das große Trennkost-Buch